# AFINAL, QUEM É JESUS DE NAZARÉ?

## Formação de Catequistas no estilo catecumenal

Pe. JOÃO DA SILVA MENDONÇA FILHO, sdb

# AFINAL, QUEM É JESUS DE NAZARÉ?

## Formação de Catequistas no estilo catecumenal

EDITORA
SANTUÁRIO

DIREÇÃO EDITORIAL:
Pe. Fábio Evaristo R. Silva, C.Ss.R.

CONSELHO EDITORIAL:
Ferdinando Mancilio, C.Ss.R.
Marlos Aurélio, C.Ss.R.
Mauro Vilela, C.Ss.R.
Ronaldo S. de Pádua, C.Ss.R.
Victor Hugo Lapenta, C.Ss.R.

COORDENAÇÃO EDITORIAL:
Ana Lúcia de Castro Leite

COPIDESQUE:
Bruna Vieira da Silva

REVISÃO:
Sofia Machado

DIAGRAMAÇÃO E CAPA:
Junior Santos

Dados Internacionais de Catalogação na Publicação (CIP) de acordo com ISBD

| | |
|---|---|
| M539a | Mendonça Filho, João da Silva |
| | Afinal, quem é Jesus de Nazaré? Formação de Catequistas no estilo catecumenal / João da Silva Mendonça Filho. – Aparecida, SP: Editora Santuário, 2019.<br>160 p.; 14cm x 21cm. |
| | ISBN 978-85-369-0564-8 |
| | 1. Religião. 2. Cristianismo. 3. Igreja católica. 4. Catequese. 5. Liturgia da Igreja. 6. Jesus de Nazaré. 7. Jesus Cristo. I. Título. |
| 2018-1537 | CDD 238<br>CDU 238 |

Elaborado por Vagner Rodolfo da Silva - CRB-8/9410

Índice para catálogo sistemático:
1. Cristianismo: Catequese 238
2. Cristianismo: Catequese 238

1ª impressão

Todos os direitos reservados à **EDITORA SANTUÁRIO** — 2019

Rua Padre Claro Monteiro, 342 — 12570-000 — Aparecida-SP
Tel.: 12 3104-2000 — Televendas: 0800 16 00 04
www.editorasantuario.com.br
vendas@editorasantuario.com.br

*Agradeço a todas as pessoas que realizam este processo iniciático comigo. São homens e mulheres que buscam o sentido mais profundo da fé. Eles sabem que a verdade não está fora, distante, escondida em uma nuvem, mas dentro de nós. E esta descoberta dá-se na medida de nossas buscas e interesses. A pergunta, que Jesus um dia fez aos discípulos, continua ecoando em nossos ouvidos: "Quem sou eu para vocês?" Ele, missionário do Pai, impactou e impacta nossa vida e nos chama a seguir seus passos, rumo ao Reino definitivo.*

# Apresentação

Apresento nestas páginas uma experiência de mistagogia, construída no contato direto com catequistas desde 2009, quando comecei a encarnar na minha prática catequética o estilo catecumenal da catequese.

Lendo textos de São Cirilo de Jerusalém, um dos grandes padres da Igreja do século IV, vi-me imbuído de uma inquietação evangelizadora. Não era possível apenas saber as teorias sobre Deus, era urgente propor um caminho de fé, desde o dom recebido até o dom testemunho. Para tanto, eu precisava fazer um percurso diferente na minha compreensão da fé. Então, passei a fazer sozinho, com o auxílio da teologia, um caminho de redescoberta de Deus em minha vida. O processo iniciático, em seus quatro tempos, ajudou-me a fazer uma conversão pessoal, uma nova forma de entender a presença de Deus nas alegorias bíblicas, na grande Tradição da Igreja, no Magistério e no longo caminho da catequese no Brasil.

Comecei a armar um grande e belo mosaico da fé. Na sequência, senti a necessidade de partilhar essa experiência e comecei a trabalhar com catequistas uma nova maneira de fazer a catequese, desde uma vivência de conversão, e não apenas e unicamente teórica da fé. Aos poucos, teoria e vivência juntaram-se em um projeto de vida e fé, desconserto e construção daquilo que, comumente, chamamos fé. Sim, porque há um dilema em todos nós que precisa ser vencido. A pretensão de achar que sobre Jesus de Nazaré já sabemos tudo. Eis o grande engano e o estrangulamento da fé. Ele mesmo, um dia, perguntou: "Quem dizem os homens ser o filho do homem?" E, depois de ouvir as respostas, perguntou: "E vós, quem dizeis que eu sou?" (Mt 8,27-38). Essa interrogação de Jesus, presente em Mateus, é muito significativa. Em certo momento, a comunidade questionou-se sobre a matriz de sua fé, quis aprofundá-la, sair da mesmice, das considerações aparentes, das respostas feitas; a comunidade quis ir mais fundo naquele poço da samaritana para encontrar a fonte de água viva.

O processo iniciático proporciona exatamente essa busca. Nestas páginas apresento uma série de meditações, ritos e caminhos que fiz ao longo destes anos, iluminado pelos quatro tempos da iniciação. É uma tentativa de passar para o papel o que desenvolvo com catequistas, ajudando-os a fazer uma experiência do Senhor para manter o olhar fixo nele.

O primeiro capítulo é uma breve apresentação do Ano Litúrgico com a intenção de ajudar os catequistas a compreender que a iniciação rompe com o esquema escolar e se desenvolve durante o tempo orante da Igreja, na busca daquele que é o centro da vida cristã.

O segundo capítulo desenvolve o querigma por meio das parábolas, dos milagres e na vida dos santos. É uma tentativa de responder a pergunta fundamental da comunidade: *Quem é Jesus?* Este tempo se realiza da festa de Cristo Rei à quarta-feira de cinzas, com o rito de passagem ao catecumenato.

O terceiro capítulo apresenta a parte mais árdua e doutrinária, o catecumenato, com a apresentação da Revelação, a autocomunicação de Deus no Antigo e Novo testamento. É importante compreender que as Escrituras não nasceram prontas, mas brotaram da experiência de fé primeiramente narrada e, depois, redigidas, segundo tempos diversos, tradições, escritores e compreensão da fala de Deus ao longo dos séculos. Aprofundaremos ainda o credo apostólico, o tema dos novíssimos, o Pai-nosso, os sacramentos e as virtudes humanas cristãs. Esses elementos da doutrina da Igreja precisam ser refletidos à luz da fé e não apenas como dados dogmáticos. Serão também vividos neste processo os três ritos de purificação, exorcismos, configurando assim o terceiro tempo da iniciação, normalmente vivido durante o tempo quaresmal.

O capítulo quarto apresenta um processo mistagógico, após os catecúmenos receberem, na Vigília de Páscoa, o sacramento da iniciação: Batismo, Crisma e Eucaristia, ou renová-los, como uma experiência mística de saborear o mistério em vista da vida como dom e serviço, vocação e vocações à luz do Mistério celebrado. O ciclo pascal é muito apropriado para a mistagogia.

Com esse percurso, passamos pelos quatro tempos da iniciação: Querigma, Catecumenato, Purificação e Mistagogia, com os ritos mais importantes segundo o RICA. Ficam ainda a criatividade e a liberdade dos agentes para inserir outros temas e ritos. Tudo é uma questão de planejamento.

*O autor*

# Siglas

| | |
|---|---|
| AL | Exortação Apostólica pós-sinodal *Amoris Laetitia* |
| CIgC | Catecismo da Igreja Católica |
| CL | Exortação Apostólica pós-sinodal *Christifideles Laici* |
| DAp | Documento de Aparecida |
| DM | Carta Encíclica *Dives in Misericordia* |
| DV | Constituição dogmática *Dei Verbum* |
| EM | Exortação Apostólica pós-sinodal *Evangelii Nuntiandi* |
| ESS | Carta encíclica *Spe Salvi* |
| GS | Constituição pastoral *Gaudium et Spes* |
| IODC | Instrução sobre as orações para alcançar de Deus a cura |
| IVC | Iniciação à vida cristã: Doc. 107, CNBB |
| LG | Constituição dogmática *Lumen Gentium* |
| PDV | Exortação Apostólica pós-sinodal *Pastores Dabo Vobis* |
| SC | Constituição dogmática *Sacrossanctum Concilium* |
| VD | Exortação apostólica pós-sinodal *Verbum Domini* |
| MV | Bula *Misericordiae Vultus* |
| EV | Exortação Apostólica *Evangelii Gaudium* |

## Introdução

# O Ano Litúrgico como lugar da Iniciação Cristã

Antes de iniciarmos a reflexão sobre o querigma é preciso um adendo sobre o Ano Litúrgico e sua fecundidade na catequese. Em 1963, o primeiro documento do Concílio Vaticano II era aprovado, a *Sacrosanctum Concilium*, sobre a sagrada liturgia, com os princípios teológicos-pastorais em vista da reforma litúrgica (cf. DA SILVA, 2004, p. 293). O Concílio afirma que o Mistério de Cristo, "desde a encarnação e Natividade até a Ascensão, o dia de Pentecostes e a expectação da feliz esperança e vinda do Senhor" (SC, 102), forma o Ano Litúrgico. A memória dos santos e Maria também estão contemplados nos tempos fortes do Ano: Comum, Quaresma, Páscoa, Advento, Natal. Essa rica expressão litúrgica corrobora o conteúdo essencial da catequese, centrada no Mistério Pascal. Os quatro tempos do IVC (Iniciação à Vida Cristã) acontecem a partir do Ano Litúrgico, rompendo o sistema escolástico (catequese-aula). O esquema a seguir nos ajuda a entender melhor.

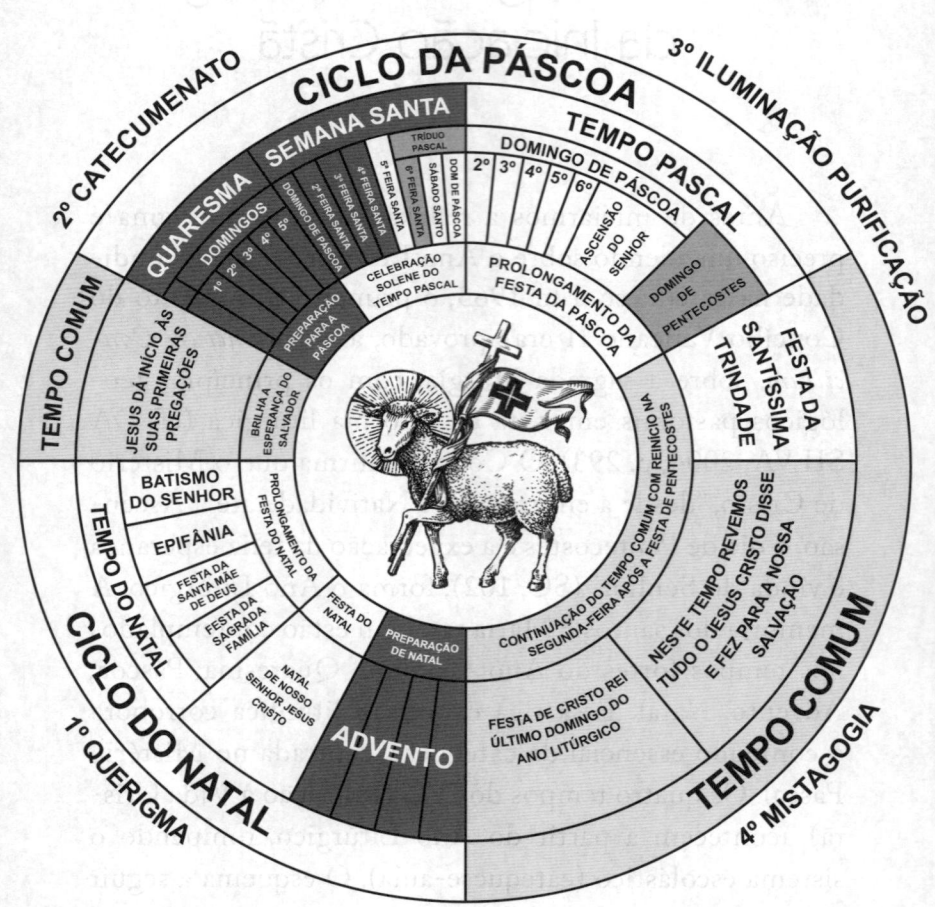

O tempo querigmático, ou pré-catecumenal, começa após a festa de Cristo Rei, abrangendo todo o Advento e o ciclo do Natal. A partir da quarta-feira de cinzas, com o rito de passagem, dá-se início o tempo do catecumenato, que tem a duração de, pelo menos, dois anos e privilegia o tempo da quaresma. Na Vigília pascal os catecúmenos recebem o sacramento da iniciação, e aqueles que, por ventura, já tiverem o batismo podem renovar juntamente com a comunidade. Nesse tempo também são realizados os três tirocínios com os ritos de purificação. No ciclo pascal se desenvolve a mistagogia.

Contudo, é bom entender esse processo à luz da história, mesmo que breve. Até o século IX, o motivo central do Dia do Senhor, domingo, era celebrar o Mistério da Páscoa (cf. SC, 106); o "contato direto com a Palavra de Deus, os sacramentos, participação da assembleia como povo sacerdotal, toda ministerial, jeito de celebrar adaptado a cada cultura, simplicidade litúrgica" (Da Silva, 2004, p. 294), era um jeito muito nobre e catequético de viver a fé. A catequese com estilo catecumenal vivia o tempo litúrgico como expressão vivencial da fé. Não se ensinava o mistério, mas se viviam no cotidiano da vida comunitária, no qual os catecúmenos eram inseridos, os elementos fundamentais da fé.

No entanto, a partir do século IX, com as guerras, o centralismo romano, crises religiosas e o contexto da cristandade, acontecem significativos deslocamentos da centralidade da Páscoa para questões secundárias, como o devocionismo, demasiado utilitarista dos sacramentos e o processo de clericalização. A catequese também foi vítima dessa mudança. Com o Concílio de Trento, século XVI, esse processo foi fortalecido diante do avanço protestante. Perdeu-se a essência do processo catecumenal (cf. Da Silva, 2004, p. 294-295; IVC, 43-44).

Com o movimento litúrgico do século XX, a Igreja começou a retomar os elementos essenciais da liturgia, sobretudo a Páscoa do Senhor. O Vaticano II (1962-1965) resgatou e legitimou o processo que o antecedeu:

– "resgate da compreensão e vivência litúrgica com a centralidade do mistério da Páscoa;

– resgate da dimensão eclesial-comunitária, com a valorização da assembleia;

– resgate do grande valor da Palavra proclamada, pela qual Deus nos fala;

– resgate do simbolismo sacramental com a melhor compreensão dos sacramentos;

– resgate da inculturação litúrgica, sobretudo para o Mistério de Cristo" (Da Silva, 2004, p. 296), a Páscoa, purificando da poeira medieval e pós-trindentina.

Na América latina, de forma muito especial, a reforma litúrgica ganhou uma expressão, ainda mais, profunda e participativa. Com *Medellín*, em 1968, a liturgia resgatou seu aspecto libertador, com a presença de Deus na história do povo libertando-o de toda escravidão; com *Puebla*, em 1979, a opção pelos pobres, pelos jovens, a piedade popular, comunhão e participação deram à liturgia um caráter muito mais festivo e criativo; com *Santo Domingo*, em 1992, o tema da nova evangelização com novo ardor e expressões, aprofundou o tema da inculturação litúrgica como fonte de toda a vida da Igreja. No Brasil, a reforma ganhou ampla divulgação e acolhida do povo com celebrações participativas, orientações dos bispos, cantos mais apropriados (cf. Da Silva, 2004, p. 305-306). A catequese também se beneficiou, sobretudo com a Catequese Renovada e o fecundo movimento catequético brasileiro.

Contudo, nos anos consecutivos – sobretudo a partir dos anos 1990 –, houve uma grande tendência à centralização e muito se perdeu dessa primavera litúrgica brasileira. Ainda há uma forte tendência ao modelo medieval, devocional, missas de curas e libertação, missa show, clericalismo e uma compreensão dos sacramentos, como remédios de cura, fugindo do Mistério da Páscoa. No entanto, com *Aparecida*, em 2007, a Igreja Latino-Americana e do Caribe retomou o estilo catecumenal com novo ardor (cf. DAp, 286ss) e a CNBB, após longo caminho, legitimou esse esforço no documento publicado no ano de 2017.

*A iniciação à vida cristã* (IVC) quer resgatar o foco do Mistério da Páscoa e realizar os tempos da catequese (4) e os ritos de passagem, entrega do Creio e Pai-Nosso, exorcismos de purificação, como meios eficazes de vivência e compromisso cristão.

A tabela a seguir pode nos ajudar a entender ainda mais esse percurso histórico da liturgia.

| ATÉ O SÉCULO IX | SÉC. X ATÉ TRENTO | VATICANO II – SÉC. XX |
|---|---|---|
| – Mistério Pascal;<br>– Contato direto com a Palavra de Deus;<br>– Vivência sacramental;<br>– Assembleia como Corpo de Cristo;<br>– Celebrações inculturadas;<br>– Simplicidade litúrgica sem perder a elegância do rito;<br>– Catequese a partir do ano litúrgico e da Palavra. | – Devocionismo;<br>– Celebração dos santos;<br>– Culto às relíquias;<br>– Utilitarismo sacramental;<br>– Formalidade, rubricismo litúrgico;<br>– Cerimônias complicadas;<br>– Povo expectador das celebrações;<br>– Catequese rigorista fundamentada apenas no catecismo. | – Resgate do Mistério Pascal;<br>– Ministerialidade do povo;<br>– Participação ativa da assembleia;<br>– O valor da Palavra de Deus na catequese;<br>– Simbolismo litúrgico como expressão da fé;<br>– Inculturação litúrgica;<br>– Celebrações simples, elegantes e compreensíveis;<br>– Resgate do IVC e rompimento da catequese escolástica. |
| Avanço | Retrocesso | Caminho se faz... |

A partir de tudo isso, apenas nos alegra o que enfatizou papa Francisco no 68º encontro de liturgistas, em Roma, sobre a reforma litúrgica:

> Penso em São Pio X, que dispôs uma reorganização da música sacra e a restauração celebrativa do domingo e instituiu uma comissão para a reforma geral da liturgia, ciente de que isto teria comportado "um trabalho quer grande quer diuturno; e por isso — como ele mesmo reconhecia — é necessário que passem muitos anos, antes que este, por assim dizer, edifício litúrgico [...] reapareça de novo esplendoroso na sua dignidade e harmonia,

quando tiver sido como que limpo da desolação do envelhecimento".

O projeto reformador foi retomado por Pio XII com a Encíclica Mediator Dei e com a instituição de uma comissão de estudo; também ele tomou decisões concretas acerca da versão do Saltério, da atenuação do jejum eucarístico, do uso da língua viva no Ritual, da importante reforma da Vigília Pascal e da Semana Santa. Deste impulso, a exemplo de outras Nações, surgiu, na Itália, o Centro de Ação Litúrgica, guiado por bispos cuidadosos do povo a eles confiado e animado por estudiosos que amavam a Igreja e a pastoral litúrgica. O Concílio Vaticano II fez maturar depois, como bom fruto da árvore da Igreja, a Constituição sobre a sagrada liturgia Sacrosanctum Concilium (SC), cujas linhas de reforma geral respondiam às necessidades reais e à esperança concreta de uma renovação: desejava-se uma liturgia viva para uma Igreja toda vivificada pelos mistérios celebrados. Tratava-se de expressar, de maneira renovada, a vitalidade perene da Igreja em oração, tendo o cuidado de que "os cristãos não entrem neste mistério de fé como estranhos ou espectadores mudos, mas participem na ação sagrada, consciente, ativa e piedosamente, por meio duma boa compreensão dos ritos e orações" (SC, 48). Recordava isto o beato Paulo VI ao explicar os primeiros passos da reforma anunciada: "É bom que se sinta que é vontade precisamente da autoridade da Igreja promover e incentivar esta nova maneira de rezar, dando assim maior incremento à sua missão espiritual [...]; e nós não devemos hesitar em nos tornarmos primeiro discípulos e depois defensores da escola de oração, que está para iniciar".

O rumo traçado pelo Concílio encontrou forma, segundo o princípio do respeito da tradição sadia e do progresso legítimo (cf. SC, 23), nos livros litúrgicos promulgados pelo beato Paulo VI, bem recebidos pelos próprios bispos que participaram no Concílio, e já há quase 50 anos universalmente em uso no Rito Romano. A aplicação prática, guiada pelas Conferências Episcopais nos respetivos países, ainda está a decorrer, pois não é suficiente reformar os livros litúrgicos para renovar a mentalidade. Os livros reformados nos termos dos decretos do Vaticano II desencadearam um processo que requer tempo, recepção fiel, obediência prática, atuação celebrativa sábia por parte, primeiro, dos ministros ordenados, mas também dos outros ministros, dos cantores e de todos os que participam na liturgia. Na realidade, sabemo-lo bem, a educação litúrgica de pastores e fiéis é um desafio a ser enfrentado sempre de novo. O próprio Paulo VI, um ano antes da morte, dizia aos cardeais reunidos em Consistório: "Chegou o momento, agora, de abandonar definitivamente os fermentos desagregadores, igualmente perniciosos num sentido e noutro, e de aplicar integralmente nos seus justos critérios inspiradores, a reforma por nós, aprovada, em aplicação aos votos do Concílio".

E hoje ainda é preciso trabalhar neste sentido, em particular redescobrindo os motivos das decisões tomadas com a reforma litúrgica, superando leituras infundadas e superficiais, recepções parciais e práticas que a desfiguram. Não se trata de reconsiderar a reforma revendo as suas escolhas, mas de conhecer melhor as razões subjacentes, inclusive por meio da documentação histórica, assim como de interiorizar os seus princípios inspiradores e de observar a disciplina que a regula. Depois deste magistério e, após este longo caminho, podemos afirmar com certeza e com autoridade magistral que a reforma litúrgica é irreversível.

A liturgia é vida para todo o povo da Igreja. Com efeito, por sua natureza, a liturgia é "popular" e não clerical, sendo – como ensina a etimologia – uma ação para o povo, mas também do povo. Como recordam tantas orações litúrgicas, é a ação que o próprio Deus cumpre a favor do seu povo, mas também a ação do povo que ouve Deus que fala e reage louvando-o, invocando-o, acolhendo a fonte inexaurível de vida e de misericórdia que flui dos santos sinais. A Igreja em oração congrega todos aqueles que têm o coração à escuta do Evangelho, sem rejeitar ninguém: são convocados pequenos e grandes, ricos e pobres, crianças e idosos, sadios e doentes, justos e pecadores. À imagem da "multidão imensa" que celebra a liturgia no santuário do céu (cf. Ap 7,9), a assembleia litúrgica supera, em Cristo, qualquer limite de idade, raça, língua e nação. O alcance "popular" da liturgia recorda-nos que ela é inclusiva e não exclusiva, promotora de comunhão com todos sem todavia homologar, pois chama cada um, com a sua vocação e originalidade, a contribuir para edificar o corpo de Cristo: "A Eucaristia não é um sacramento "para mim", é o sacramento de muitos que formam um só corpo, o santo povo fiel de Deus". Por conseguinte, não devemos esquecer que é, antes de tudo, a liturgia que expressa a pietas de todo o povo de Deus, prolongada depois por piedosos exercícios e devoções que conhecemos com o nome de piedade popular, que devemos valorizar em harmonia com a liturgia.

A liturgia é vida e não uma ideia a ser compreendida. De fato, leva a viver uma experiência iniciática, ou seja, transformadora do modo de pensar e de se comportar, e não a enriquecer a própria bagagem de ideias acerca de Deus. O culto litúrgico "não é antes de tudo uma doutrina a compreender ou um rito a realizar; naturalmente é também isso, mas, de outra maneira é essencialmente diverso: é uma nascente de vida e de luz para o nosso caminho de fé" (Papa Francisco, 2017-a).

A autoridade do magistério de Pedro apenas nos deixa aquela esperança de que o processo iniciático encontre, na liturgia, seu porto seguro e dela emane como uma fonte viva para uma vivência cristã muito mais pascal e aberta ao Mistério salvífico de Deus.

1º Tempo da Iniciação Cristã

# O QUERIGMA APOSTÓLICO: QUEM É JESUS?

A vida humana é marcada por ritos, palavras, gestos e símbolos. Crer obedece o mesmo esquema da vida humana. Nascemos, amadurecemos, envelhecemos e morremos; pelo menos a grande maioria da população passa por esse processo vital. Ao longo do tempo, realizamos, às vezes, sem consciência plena, iniciações que nos ajudam a amadurecer. Ao nascer somos acolhidos em um ambiente novo; fora do útero materno, a festa é grande, as pessoas trazem presentes, outras admiram a criança, uns acham parecido com o pai, outros com a mãe, é toda uma expectativa que desencadeia uma explosão de vida; aliás, todos renascem nesse momento. Quando chegamos à primeira infância, pré-adolescência, adolescência e juventude, há variados ritos e símbolos que acompanham esse desenvolvimento. Ficamos mais autônomos, por exemplo, aparecem pelos, a voz muda, o comportamento se altera... É um novo nascimento. A vida é marcada por anúncios (cf. IVC, 77).

## 1. A mensagem do Reino de Deus

O que é o Reino de Deus, tema transversal em todo o Evangelho? Enquanto outros anunciam que o Reino chegará, Jesus manifesta o Reino, quando responde à pergunta de João Batista: "Tú és o Messias?" – A resposta é veemente:

> Ide e contai a João o que estais ouvindo e vendo: Os cegos enxergam, os mancos caminham, os leprosos são purificados, os surdos ouvem, os mortos são ressuscitados, e as Boas-Novas estão sendo pregadas aos pobres. E, abençoado é aquele que não se escandaliza por minha causa (Mt 11,4-6).

Então, nos sinais e nas palavras de Jesus, o Reino se faz presente, quer dizer, o reinado de Deus é concreto, visível e não mais uma promessa.

Anunciar Jesus, "Filho de Deus feito homem, morto e ressuscitado, a salvação é oferecida a todos os homens, como dom da graça e da misericórdia" (EN, 27), é uma missão que manifesta o Reino, o reinado de Deus. Trata-se do primeiro anúncio (cf. IVC, 41). Paulo VI dizia que a evangelização é a tarefa fundamental da Igreja, "Ela existe para evangelizar". Porém, o que é evangelizar? O referido papa responde:

> Não é supérfluo, talvez, recordar o seguinte: evangelizar é, em primeiro lugar, dar testemunho, de maneira simples e direta, de Deus revelado por Jesus Cristo, no Espírito Santo. Dar testemunho de que no seu Filho ele amou o mundo; de que no seu Verbo Encarnado ele deu o ser a todas as coisas e chamou os homens

> para a vida eterna. Esta atestação de Deus proporcionará, para muitos talvez, o Deus desconhecido, que eles adoram sem lhe dar um nome, ou que eles procuram por força de um apelo secreto do coração quando fazem a experiência da vacuidade de todos os ídolos. Mas ela é plenamente evangelizadora, ao manifestar que para o homem, o Criador já não é uma potência anônima e longínqua: ele é Pai (EN,29).

Evangelizar não é uma ação proselitista, mas uma atração que toca a vida da pessoa em profundidade. Por conseguinte, para que esse anúncio seja realmente efetivo o agente deve ser o primeiro evangelizado, aquele que soube ouvir, seguir e sentiu-se tocado pelo Senhor para manifestar ao mundo sua mensagem de salvação. De evangelizado passa a ser evangelizador. Para tanto, as vias dessa ação evangelizadora são muitas, e Paulo VI, na *Evangelii Nuntiandi*, apresentou-as com maestria:

1. O testemunho de vida (n. 41): uma vida cristã coerente com a mensagem que é anunciada é um caminho importante para penetrar no Mistério de Jesus. A vida dos santos e santas, por exemplo, pode ser um grande instrumento querigmático para encontrar o Senhor.
2. Pregação viva (n. 42): mesmo em uma época marcada pela imagem, a palavra ainda é um meio eficaz para comunicar a mensagem de Salvação e tocar em profundidade o coração daqueles que buscam a Deus.

3. Liturgia da vida (n. 43): a homilia é um diálogo familiar que deve ser preparado, rezado, antes de ser anunciado. Não é um discurso, muito menos uma aula de teologia, mas o diálogo com Deus que nos fala ao coração.

4. A catequese (n. 44): trata-se da sistematização do conteúdo da fé e do anúncio. A fé precisa ser compreendida para melhor ser celebrada, experimentada e anunciada.

5. Meios tecnológicos (n. 45): é a comunicação da Palavra por meio dos meios modernos de comunicação. Para tanto, precisa de pessoas preparadas e que saibam utilizar destes meios para traduzir em imagens e palavras o Mistério do Reino.

6. O contato pessoal (n. 46): mesmo na era digital, o agente da evangelização não pode descartar a necessidade do contato pessoal, de ir ao encontro das pessoas e partilhar com elas da pessoa de Jesus.

7. Os sacramentos (n. 47): os sacramentos da Igreja não podem ser meramente uma meta a ser alcançada, mas a forma natural de viver a adesão a Jesus Cristo que, por meio dos gestos, símbolos, ritos e palavras se faz presente no sacramento.

8. A piedade popular (n. 48): a piedade popular, com as novenas, peregrinações a lugares santos, devoções, é um elemento importante do anúncio, desde que sejam evangelizadas. Tirando as superstições e exageros de certas manifestações, a piedade popular é um meio importante de comunicação da mensagem do Evangelho, "integra muito o corpóreo, o sensível, o simbólico e as necessidades mais concretas das pessoas" (DAp, 263).

O Documento de Aparecida amplia essas vias de evangelização com o termo *Lugares de encontro com Jesus Cristo* (cf. DAp, 246). Na verdade, são todos lugares de experiência de fé, celebração da fé e aprendizado da fé: as Sagradas Escrituras (n. 247); a liturgia (n. 250); a celebração eucarística (n. 251); o sacramento da Reconciliação (n. 254); a oração pessoal e comunitária (n. 255); a devoção mariana, que marca profundamente a vida de nossos povos (n. 267); a vida dos santos e santas que marcaram a espiritualidade e transmitem, com naturalidade e radicalismo, o seguimento do Senhor ao longo dos séculos (n. 273s).

## 2. O núcleo do Querigma

O anúncio querigmático deve levar o ouvinte a ter novas atitudes de vida na adesão a Jesus: encontro pessoal com Ele, conversão de vida, discipulado, comunhão e missão (DAp, 280). Tudo isso contribui enormemente para uma vida cristã muito mais coerente com o Evangelho e o seguimento do Senhor. Então, como dizia Paulo VI, "Poder-se-ia exprimir tudo isto dizendo: importa evangelizar, não de maneira decorativa, como que aplicando um verniz superficial, mas de maneira vital, em profundidade e isto até às suas raízes, a civilização e as culturas do homem, no sentido pleno e amplo que estes termos têm na Constituição *Gaudium et Spes* (50), a partir sempre da pessoa e fazendo continuamente apelo para as relações das pessoas entre si e com Deus" (EN, 20).

Do ponto de vista teológico, podemos dizer que o querigma mais antigo aparece nos escritos de Paulo, quando em um trecho da carta aos Coríntios ele afirma categoricamente que Jesus morreu por nossos pecados. Segundo as escrituras, foi sepultado, ressuscitou ao terceiro dia e apareceu a Pedro e aos doze (1Cor 15,3-5). Este é o centro de toda a mensagem cristã – querigma. Resgato aqui a catequese do papa Francisco sobre este fato:

> Anunciando este evento, que constitui o núcleo fulcral da fé, Paulo insiste, acima de tudo, sobre o último elemento do mistério pascal, ou seja, sobre a constatação de que Jesus ressuscitou. Com efeito, se tudo tivesse acabado com a morte, nele teríamos um exemplo de dedicação suprema, mas isto não poderia gerar a nossa fé. Ele foi um herói. Não! Morreu, mas ressuscitou. Porque a fé brota da ressurreição. Aceitar que Cristo morreu, e morreu crucificado, não constitui um gesto de fé, mas um acontecimento histórico. Ao contrário, crer que ressuscitou, sim. A nossa fé nasce na manhã de Páscoa. Paulo faz um elenco de pessoas às quais Jesus Ressuscitado apareceu (cf. v. 5-7). Aqui temos uma breve síntese de todas as narrações pascais e de todas as pessoas que entraram em contacto com o Ressuscitado. No topo da lista está Cefas, ou seja, Pedro, e o grupo dos Doze; depois, "quinhentos irmãos", muitos dos quais ainda podiam dar o seu próprio testemunho; em seguida, é mencionado Tiago. O último da lista – como o menos digno de todos – é ele mesmo. Acerca de si próprio, Paulo diz: "Como um aborto" (cf. v. 8).
> 
> Paulo utiliza essa expressão porque a sua história pessoal é dramática: ele não era um ministrante, mas um perseguidor da Igreja, orgulhoso das próprias convicções; sentia-se um homem bem-

> -sucedido, com uma ideia muito límpida do que era a vida com os seus deveres. Contudo, nesse quadro perfeito – em Paulo tudo era perfeito, ele sabia tudo – neste quadro de vida perfeito, certo dia, acontece algo que era absolutamente imprevisível: o encontro com Jesus Ressuscitado no caminho de Damasco. Ali não havia apenas um homem caído no chão: havia uma pessoa arrebatada por um acontecimento que teria invertido o sentido da sua vida. E o perseguidor tornou-se apóstolo, mas porquê? Porque eu vi Jesus vivo! Vi Jesus Cristo Ressuscitado! Eis o fundamento da fé de Paulo, assim como da fé dos demais apóstolos, da fé da Igreja, da nossa própria fé (Papa Francisco, 2017-b).

No entanto, perguntemo-nos: Quem é Jesus? Quem é esse homem que tanto impacto causou na vida de tantas pessoas e continua a impactar?

Jesus, do ponto de vista histórico, não foi um personagem de grandeza. Ele não nasceu em uma família nobre, não teve uma profissão nobre, não era de casta sacerdotal, não viveu na corte. Jesus era do esquecido lugarejo de Nazaré. O pai era um carpinteiro e a mãe fazia os trabalhos domésticos. Uma família pobre, sem muita projeção social além das cavernas da Galileia. Do ponto de vista social ele foi um "judeu marginal", quer dizer, um homem que viveu à margem da sociedade opulenta da época. Marginal porque viveu como um cigano, marginal porque não incomodou as autoridades enquanto não afrontou o sistema religioso decadente da época. Uma bela canção de padre Zezinho ilustra bem esta pergunta:

## Quem é esse Jesus?
*(Padre Zezinho / Paulinas Comep)*

Quem é esse Jesus
de quem se fala tanto há tanto tempo e tantas coisas
muitos contra e muitos a favor?
Quem é esse Jesus?
Não passa hora, nem minuto, nem segundo sem que alguém se lembre dele
Sem que o chamem de Senhor
Tamanha é sua luz tão grande a força das palavras que Ele disse
Em Jesus não há mesmice desde o berço até à cruz
Ninguém disse o que Ele disse, nem do jeito que Ele disse
Quem é esse Jesus?

Quem é esse Jesus,
que andou pelas aldeias semeando mil ideias
e do céu mostrou-se porta-voz?
Quem é esse Jesus?
Que fez os santos, os profetas e os doutores converteu mil pecadores
Não deixou ninguém a sós
Tamanha é sua paz tão grande a força dos sinais que foi deixando
Que prossegue transformando quem se deixa transformar
Com palavras decididas transformou milhões de vidas
Quem é esse Jesus?

Quem é esse Jesus,
que gera controvérsias onde quer que alguém o lembre
muitos contra e muitos a favor?
Quem é esse Jesus?
Por causa dele nova História foi escrita não há vida mais bonita do que
a deste sofredor
Morreu por todos nós mas foi tão forte o testemunho dessa vida
Pois a morte foi vencida ao vencer a dor da cruz
Poderoso e mais que forte poderoso até na morte
Quem é esse Jesus?

Jesus começou com um grupo de pescadores andando pelas cidades e aldeias depois do batismo que recebeu de um eremita chamado João Batista. Ambos eram diferentes: João vivia no deserto e anunciava a chegada do Messias. Jesus frequentava as cidades e até as festas. Eram diferentes do ponto de vista das escolhas pessoais. Contudo, em certo momento, Jesus vai até João, no outro lado do Jordão, e pede o batismo de penitência e conversão. Agora, se ele era de fato o Messias, por que foi batizado por João? O fato gerou tantas controvérsias que ficou registrado nos quatro evangelhos: Mc 1,9-11; Mt 3,13-17; Lc 3,21-22; Jo 1,29-34. Este batismo fica assim entendido como o início da atividade messiânica de Jesus. Começa aqui a manifestação de sua relação íntima com Deus e sua missão religiosa. De seguidor de João, ele, Jesus, passa a ser o protagonista de uma nova história. Cria-se aqui a unidade de sua vida e de sua história, do nascimento até a cruz, e de sua ressurreição. Ele não era um homem apenas extraordinário que fazia milagres e tinha uma palavra que tocava a vida das pessoas, Ele é Deus, "O Filho amado de Deus" (Bento XVI, 2007, p. 38).

Qual foi, então, a mensagem fundamental de Jesus? Ele começou a falar do Reinado de Deus. Um dos temas mais complexos para a evangelização. O Novo Testamento registra 122 vezes a expressão REINO DE DEUS e 99 vezes nos Evangelhos sinóticos. O Evangelho de João é mais cometido sobre esse tema, talvez porque João já está imerso na realidade pós-pascal do Reino, ou seja, Jesus é o Reino atuante.

Enquanto uma realidade pré-pascal a mensagem do Reino vem pela novidade do Evangelho, anúncio; contudo, após a ressurreição, Jesus passa a ser concebido como o próprio Evangelho. O Reino é o senhorio de Deus acontecendo de fato. Não se trata de um lugar físico, mas algo que está no interior do ser humano na medida em que se abre para aquele que é o Salvador. Independentemente da adesão ou rejeição do Evangelho, o Reino está presente. Jesus não apenas anuncia um Reino de Deus, ele testemunha com suas ações e palavras que o Reino está, Deus é soberano e está presente nele. Ele é o tesouro escondido, a pedra preciosa, a ovelha perdida (cf. Bento XVI, 2007, p. 57-70).

## 3. As parábolas do Reino de Deus como mensagem

O miolo do querigma são as parábolas de Jesus, a essência de sua mensagem. Elas, segundo Bento XVI, são "a expressão oculta de Deus neste mundo e de como o conhecimento de Deus reclama o homem todo" (Bento XVI, 2007, p. 173). Ao falar em parábolas, Jesus pretendia, em meu modo de ver, passar dos conteúdos sobre Deus para a experiência de Deus e mergulho no Mistério escondido aos sábios. Por meio da natureza, das coisas simples do cotidiano e até domésticas, como uma mulher que procura a moeda perdida, Ele quer nos ajudar a entender a grandeza, altura e profundidade do Mistério de Deus. A imagem de Deus é, desse modo, daquele que se autocomunica, que chega à vida das pessoas, que as carrega nos ombros, que as acolhe no abraço carinhoso do perdão, que está constantemente vindo ao nosso encontro. Podemos até dizer que as parábolas expressam o que, verdadeiramente, Jesus falou e nos orientam na compreensão do Reino de Deus. Elas formam um caminho mistagógico, ou seja, ajudam a entender o Mistério ali presente, como aquela semente de mostarda que pode passar despercebida aos que tudo sabem, mas que, ao cair no bom terreno dos ouvintes sedentos de Deus, como Nicodemos, a Samaritana, Zaqueu e tantos outros, cresce e se torna uma árvore frondosa onde todos encontram repouso.

Na grande obra de Bento XVI, *Jesus de Nazaré*, aqui utilizada e recomendada, encontramos três parábolas que podem muito nos ajudar a entender o Mistério do Reinado de Deus. Não irei reproduzir os comentários, apenas mencionar como um instrumento de compreensão daquilo que já dissemos.

1. O samaritano misericordioso (Lc 10,25-37): o Samaritano é aquele que não pertence a comunidade de Israel. É um inimigo. Um Mestre da Lei pergunta, então, quem é o próximo. Jesus responde com a parábola. A questão não é tanto de saber quem é meu próximo, mas de me fazer próximo do outro, seja ele quem for. Seguir a Cristo significa assumir as atitudes dele. Um ser para os outros.

2. A parábola dos dois irmãos (Lc 15,11-32): os dois irmãos estão representados nos irritados publicanos e pecadores; fariseus e escribas (cf. Bento XVI, 2007, p. 180). Todo o Antigo Testamento apresenta uma temática de dois irmãos que lutam: Esaú e Jacó, Caim e Abel. É sempre um irmão que é rebelde e outro bom. Ambos procuram a verdade, mas algum se omite e não avança na descoberta do outro. A figura do Pai é do acolhedor, o misericordioso. Deus tem um coração de compaixão e de acolhida. O

filho mais velho desconhece o coração do Pai e do irmão. Como os fariseus e escribas, o filho mais velho é a imagem daqueles que se irritam com a bondade do Pai, na verdade, não conhecem o Pai. Ele conhece os mandamentos, mas ainda não foi capaz de deixar tudo para seguir o Pai; enquanto o filho mais novo despojou-se de tudo, perdeu tudo, mas não deixou de pensar no Pai misericordioso.

3. A parábola do rico opulento e do pobre Lázaro (Lc 16,19-31): há também dois personagens, não são irmãos, mas são figuras significativas. O rico opulento e sem compaixão e o Lázaro mendigo e marginalizado. O justo sofredor está na figura de Lázaro e o algoz está na do rico. É o rico sem compaixão que exclui, mata de fome e não vê o irmão faminto. O inferno é exatamente a ausência da compaixão, do sentir com o outro; enquanto o céu é fazer os outros felizes. Eis a diferença fundamental do amor misericordioso de Deus.

**4. Os milagres como expressão do reinado de Deus**

Durante um período não muito distante, chamado de Teologia Liberal do século XIX, o tema dos milagres de Jesus ficou ofuscado pelo encantamento da racionalidade iluminista. Não se dava o valor devido aos milagres. Contudo, a partir da segunda metade do século XX, os milagres voltaram a ocupar um espaço importante na compreensão da atividade messiânica de Jesus (Lc 7,20-23). É possível dizer que a atividade pública de Jesus está marcada substancialmente pelos milagres. "Grande multidão o seguia, e ele curou a todos" (Mt 12,15). Jesus era um agente de cura e exorcizador no sentido positivo do termo (cf. Haigt, 2003, p. 96). Muitos duvidaram se ele fazia as curas em nome de Deus ou do diabo (Mt 12,27). A controvérsia acontece quando os fariseus criticam as curas feitas por Jesus e o acusam de fazê-las pela força do diabo, desrespeitando o sábado. Contudo, os milagres manifestam que Ele queria o bem-estar do ser humano revelando, assim, um Deus de compaixão e misericórdia.

Ele era incansável e "percorria as aldeias, ensinando nas suas sinagogas, pregando o Evangelho do reino e curando todas as doenças e enfermidades" (Mt 9,35). Nos milagres, o reinado de Deus se manifesta plenamente e se transformam em sinais dos bens salvíficos, como o cego de Betsaida (Jo 5,2-9.19-21) e do cego de nascença (Jo 9), (cf. IODC, 2010, p. 7).

As curas acompanharam a pregação da comunidade primitiva. O próprio Jesus, ao enviar os discípulos, diz claramente: "Curai os doentes, ressuscitai os mortos, purificai os leprosos, expulsai os demônios" (Mt 10,8). Então, a comunidade era consciente de que, junto com as palavras, também se manifestavam os gestos de Jesus (Mt 16,17-18). Quando Pedro e João vão ao Templo encontram um coxo de nascença na porta pedindo esmola. Pedro dirigindo-se a ele diz: "Não tenho ouro nem prata, mas o que tenho eu te dou. Em nome de Jesus Cristo, o Nazareno, levanta-te e anda!" (At 3,6). A pregação de Felipe é também acompanhada de numerosos milagres na Samaria (At 8,5-7). Paulo também realiza numerosos milagres e atribui a Jesus a força desses sinais (Rm 15,18-19; 1Ts 1,5; 1Cor 2,4-5). Eles eram conscientes de que os milagres transcendiam a eles mesmos e eram resultado da presença salvadora de Jesus (Gl 3,5).

Em síntese, é possível afirmar que os milagres, que ocupam boa parte dos relatos dos Evangelhos, constituem, de forma muito concreta, a manifestação da mensagem salvadora de Jesus. Portanto, a compreensão dos milagres se encaixa muito bem no dinamismo pascal da vida cristã.

## 5. A experiência do querigma na vida dos santos e santas

É fato que a pessoa de Jesus causou grande impacto na vida de numerosos cristãos e cristãs. Muitos deles chegaram a ser apresentados como modelos de discípulos e discípulas – santos e santas – em um grau heroico de vida. Brevemente, apenas para ressaltar alguns aspectos da vida, quero apresentar três personagens que, a partir do querigma, foram impactados por Jesus: São Francisco de Assis, São Camilo de Lellis e Santa Teresa de Calcutá.

### *5.1. São Francisco de Assis*

Francisco nasceu em 1182, no seio de uma família nobre da pequena cidade de Assis. Seus pais eram comerciantes. O menino cresceu em meio ao luxo, estudos em Paris e formação militar. A vida de Francisco era de um rapaz da nobreza: festas, amizades, aventuras, batalhas sangrentas, fama. Tinha verdadeira ojeriza aos pobres, sobretudo aos leprosos. Passou grandes apuros; quando capturado em uma batalha ficou em uma masmorra vários meses e contraiu tifo, quase morreu. Um dia, em um passeio por Assis, deparou-se com um leproso. O cavalo ficou assustado e quase jogou Francisco ao chão. Ele sentiu uma força enorme que o levou a descer da cavalgadura, aproximar-se e beijar os pés do leproso. Daquele momento em diante, começa um processo de conversão profunda na vida daquele jovem boêmio. Um dia, vagando por Assis, encontrou uma pequena capela em ruínas. No alto, uma grande cruz bizantina predominava e ele ouviu uma voz em seu interior, que vinha daquela cruz: "Francisco restaura a minha Igreja". Como a Igreja do século XII enfrentava muitos problemas, sobretudo de disciplina, fidelidade ao Evangelho e muita riqueza, Francisco não imaginava que as ruínas não eram aquelas de pedras, mas da Igreja de Jesus. De imediato começou a reformar aquela capela, mas a voz gritava, ainda mais, forte dentro dele. Foi assim que Francisco percebeu que o verdadeiro Templo a ser reformado não era apenas aquela capela, mas a Igreja de Jesus. Assumiu, então, uma vida simples, pobre em meio aos pobres, e foi chamado de "o pobrezinho de Assis". Deixou a casa paterna após um conflito sério com o pai. Despojado das roupas de nobre vestiu-se de sacos e, maltrapilho, começou uma vida de penitência e alegre testemunho do Evangelho. Assim, Francisco conquistou muitos outros seguidores e fundou a Ordem dos mendicantes, os Franciscanos. Morreu em 1226, cego, pobre e despojado, inclusive do cargo de superior da Ordem.

*5.2. São Camilo de Lellis*

Camilo nasceu em Roma, em 1550, de uma família nobre da cidade. Aos 17 anos alistou-se como voluntário no exército de Veneza, mas viciado em jogo e em uma vida de boemia e indisciplina, foi expulso da tropa. Perdeu tudo que tinha no jogo e ficou na miséria. Quando era militar conviveu com os enfermos e contraiu uma úlcera no pé, da qual nunca ficou curado. Na miséria e sem recursos, Camilo migrou para Roma e conseguiu ajuda no Hospital Santiago. Como não tinha dinheiro para se tratar conseguiu um serviço de voluntário, assim pagava suas despesas. Ao sentir que estava curado se alistou no exército para combater os turcos. Teve sucesso, começou a juntar dinheiro e fama, mas o vício do jogo o levou novamente à ruína total. Tentou ser religioso franciscano, mas não resistiu ao jogo e, depois de alguns meses no convento, deixou tudo e voltou a cair na vida mundana, perdendo tudo nos jogos. Refugiou-se no convento dos capuchinhos e começou a reorganizar a própria vida. Aos 32 anos conheceu São Filipe Néri e começou uma verdadeira conversão. Aos 34 anos, foi ordenado padre e passou a dedicar-se aos doentes e pobres. Em 1591, com outros amigos, fez voto de dedicação exclusiva aos enfermos e assim fundou, com a bênção do papa Sisto V, a Ordem dos Camilianos. Morreu em 1614, em Roma.

### 5.3. Santa Teresa de Calcutá

Nasceu na antiga Iugoslávia, em 1910. Seu nome de batismo é Agnes Gonxha Bojaxhiu. Aos 18 anos entrou para a Congregação das irmãs de Nossa Senhora de Loreto e foi enviada para Calcutá, Índia, para concluir o noviciado. Começou a ministrar aula para as meninas de famílias ricas da cidade. Um dia, andando pelas ruas de Calcutá, viu muitas pessoas abandonadas pelas ruas. Em 1946, em uma viagem de trem, ao avistar um mendigo comido pelos vermes, sentiu dentro de si uma voz: "Tenho sede". Desde aquele dia, não teve mais sossego. Conseguiu deixar o convento, vestiu a roupa das mulheres indianas e passou a viver em meio aos pobres e mendigos. Durante 40 anos sofreu, na alma, o "abandono de Deus", uma grande aridez espiritual. Sofreu muito porque não conseguia mais ouvir aquela voz interior nem o consolo de Deus em suas orações. Aconselhada por pais espirituais ela conseguiu superar essa dor imensa, e somente assim, compreendeu que, aquilo que os pobres sentiam no corpo em suas feridas e fome, Deus permitiu que ela sentisse na alma, e foi assim que madre Teresa dedicou sua vida aos pobres, fundou uma Congregação feminina e outra masculina, Missionários da Caridade, e também fundou uma comunidade de monjas. A oração foi a força de madre Teresa e das missionárias. Morreu em 1997, em Calcutá.

A vida desses santos está enriquecida pelo querigma. Eles descobriram, no cotidiano, a presença salvadora de Deus (Rm 1,15). Esse é o caminho que precisamos percorrer no discipulado de Jesus.

# Anexo

# Rito de instituição dos catecúmenos adaptado do RICA
(Entrega da cruz e Bíblia)

*(Início do rito deve ocorrer no limiar da Igreja.)*
**Presidente da Celebração:** Caríssimos pré-catecúmenos, sejam bem-vindos. Após o cumprimento de uma etapa formativa, vocês iniciam hoje uma nova fase da Iniciação à Vida Cristã com o catecumenato. Por isso, a comunidade alegra-se.
*(Coordenador[a] da Comunidade ou Catequista deverá chamar pelo nome os catecúmenos. A lista com nomes completos precisará ser providenciada pelos catequistas. O catecúmeno, quando ouvir seu nome, levanta o braço direito e responde em voz alta:)*
**Catecúmeno:** EIS-ME AQUI, SENHOR!

ADESÃO AO COMPROMISSO
**Presidente da Celebração:** O que vocês pedem à Igreja de Deus?
**Todos os Catecúmenos:** A Graça de Jesus Cristo no aprofundar da fé.
**Presidente da Celebração:** Vocês querem conhecer Jesus Cristo, tornarem-se seus discípulos e fazerem parte de sua Igreja?
**Todos os Catecúmenos:** Sim, queremos.

**Presidente da Celebração:** Que alegria poder conhecer o verdadeiro Deus e Jesus Cristo que Ele enviou como nosso Senhor e Salvador! Se querem ser discípulos de Jesus e membros de sua Igreja, é preciso que sejam instruídos em todas as verdades reveladas por Cristo Jesus. Aprendam a conhecê-lo e segui-lo; vivam como Jesus, conforme seu Evangelho, amando a Deus e ao próximo. Cada um de vocês está de acordo com isso?
**Todos os Catecúmenos:** Sim, estamos.
*(Dois catecúmenos, homem e mulher, colocam a mão sobre a Bíblia, representando todos os outros, que devem levantar o braço direito em direção à Bíblia e rezar todos juntos.)*
**Todos os Catecúmenos:** Deus, Pai de Bondade, que vossa Palavra fortaleça nosso encontro com Jesus Cristo, leve-nos à conversão, à mudança de vida, à transformação no jeito de pensar, agir, sentir e ser. Queremos crescer no conhecimento de Jesus e participar da comunidade, comprometidos com a Igreja que acolhe a todos. Isto vos pedimos, por Jesus Cristo, na unidade do Espírito Santo. Amém!
**Presidente da Celebração:** A cruz de Cristo é sinal do amor de Deus pela humanidade. Ao recebê-la livremente, vocês estão se comprometendo a entrar em comunhão com Jesus Cristo, modelo de esperança e vida. O sinal da cruz é bênção. Convido os pais, introdutores, esposos(as) ou padrinhos a entregarem o crucifixo para o catecúmeno e traçar na testa o sinal da cruz.
*(Durante a entrega da cruz:)*
**Presidente da Celebração:** Receba na fronte o sinal da Cruz, o próprio Cristo proteja você com sinal de seu amor.
**Todos os Catecúmenos:** Amém.

**Presidente da Celebração:** E vocês, membros desta comunidade e povo de Deus, rezem por estes catecúmenos para que sejam, cada vez mais, homens e mulheres de fé e testemunho cristão. Vamos agora acolhê-los com uma salva de palmas.
*(Segue-se a liturgia da Palavra.)*

ENTREGA DA BÍBLIA
*(Após a homilia, segue-se a entrega das Bíblias, que devem estar organizadas sobre uma mesa e identificadas com os nomes dos catecúmenos. O Presidente da Celebração chama o catecúmeno pelo nome contido na Bíblia e entrega este dizendo:)*
**Presidente da Celebração:** Receba o livro que contém a Palavra de Deus, para que seja luz todos os dias de sua vida.
**Catecúmeno:** Amém!
**Presidente da Celebração:** Rezemos por esses catequizandos, seus introdutores, sua família, seus catequistas e sua comunidade. Agradecemos a benevolência de Deus em conduzi-los a percorrer o caminho da Iniciação à Vida Cristã, para conhecer mais Jesus Cristo, seus ensinamentos e dispor-se a segui-los.

2º Tempo da Iniciação Cristã

# CATECUMENATO: JESUS, MISSIONÁRIO DO PAI!

8ª Tempo de Iniciação Cristã

# CATECUMENATO:
## JESUS, MISSIONÁRIO DO PAI

O catecumenato é um tempo mais longo, no qual o catecúmeno precisa dar razão da própria esperança (1Pd 3,15). Em uma época de tantas mudanças (DAp, 44), há valores essenciais que permanecem no ato de crer, e essa experiência de Deus não podemos deixar por menos. A Tradição vinda dos apóstolos, que eles mesmo receberam de Jesus, e que é transmitida ainda hoje, conduz a fé e faz crescer a fé do povo de Deus (cf. DV, 8-9). Ao lado da Tradição está a Revelação, que é a autocomunicação de Deus que dialoga conosco (Êx 33,11; Jo 15,14-15; DV 2). No Novo Testamento encontramos dois testemunhos desse fato:

| Hb 1,1-3 | 1Jo 1,1-3 |
|---|---|
| Muitas vezes e de muitos modos, Deus falou outrora aos nossos pais, pelos profetas. Nestes dias, que são os últimos, falou-nos por meio do Filho, a quem constituiu herdeiro de todas as coisas e pelo qual também criou o universo. Ele é o resplendor da glória do Pai, a expressão do seu ser. | O que desde o princípio, o que ouvimos, o que vimos com os nossos olhos, o que contemplamos e o que nossas mãos apalparam da Palavra da vida, vida esta que se manifestou, que nós vimos e testemunhamos, vida eterna que a vós anunciamos, que estava junto do Pai e que se tornou visível para nós, isso que vimos e ouvimos, nós vos anunciamos. |

Tudo isso a Igreja, ao longo dos séculos, testemunha no Magistério, buscando sempre manter-se fiel ao diálogo de Deus; interpretando-o para o povo de Deus (cf. VD, 18.33), sendo consciente de que "a Bíblia foi escrita pelo Povo de Deus e para o Povo de Deus, sob a inspiração do Espírito Santo" (VD, 30). Por isso a linguagem bíblica é humana, ou seja, há visões, sonhos, personagens, acontecimentos, mitos que revelam aquilo que está mais além das formas de linguagem, fazem parte da Revelação essencial, quer dizer, das formas como Deus usou para se comunicar. Contudo Deus está na própria estrutura da vida humana – Emanuel – e ali Ele realiza a história de salvação. Cabe a nós, e assim foi na Bíblia, interpretar, com nossas próprias categorias, o que conseguimos captar da história como vontade de Deus (cf. Baena, 2011, p. 270). Então, revelação essencial, transcendental e categorial forma um tripé para nossa comum compreensão da história da Salvação. Aqui entra o que o Concílio chama de gêneros literários, nos quais podemos entender "todas as nossas maneiras comuns e espontâneas de sentir, falar e contar... no sentido que os fatos foram escritos" (DV, 12), por conseguinte, a vida da Igreja é o lugar privilegiado para entender a Escritura (cf. VD, 29).

## 1. Deus fala

O catecismo da Igreja sintetiza esse diálogo de Deus com aquelas categorias narrativas que os textos apresentam. É fato que Deus se revelou aos antigos e se revela na pessoa de Jesus, o missionário do Pai. Deus usou de uma pedagogia que foi assimilada pelo povo e pelos autores, na medida de suas capacidades, porque está muito mais além de nossa capacidade de compreensão. Então, a forma de compreender essa Revelação foi transmitida de forma mítica, desde a ideia de um Jardim criado por Deus de forma harmônica até o pecado, como rejeição de Deus. Começa, então, um processo de diálogo que se expressa em mitos, que refletem uma realidade histórica e sagrada: Aliança com Noé, eleição de Abraão, escravidão e libertação do Egito e conquista da Terra prometida (cf. CIgC, 51-64).

Essas narrativas obedecem a uma inspiração, porém, mediada pela compreensão do povo e autores em épocas determinadas. Não se trata de uma narrativa científica, mas uma categoria humano-religiosa de expressar o que foi vivido como ação salvadora de Deus, trata-se do mito. Contudo, o mito não é um falseamento da realidade, mas uma nova criação, de algo que aconteceu de fato. Um grande antropólogo, Mircea Eliade, assim descreve o mito:

> O mito descreve uma história sagrada, quer dizer, um acontecimento primordial que teve lugar no começo do Tempo, um mistério. O homem só conhece o mistério quando este o é revelado, portanto, o mito é uma história que se passou nas origens, portanto uma verdade absoluta. Quanto mais o mito é religioso tanto mais se insere no real e menos se arrisca a perder-se em ações não exemplares, subjetivas e, em resumo, aberrantes. O mito, por fim, descreve as diversas e dramáticas irrupções do sagrado no mundo. É sempre sagrado! (Eliade, 2001, p. 85-86).

Assim é possível para nós, hoje, entendermos os mitos sagrados e a maneira como a Palavra tomou formas em nossa história. Nesse sentido, Bento XVI elaborou uma analogia sobre o sentido da Palavra de Deus com a seguinte pergunta: O que é a Palavra? Podemos simploriamente responder que a Palavra é o que está escrito, Escritura, mas o realismo dela vai muito mais além. A Palavra, que Deus fez ecoar de formas diversas em cânticos, salmos, profetismos, fatos, em Jesus Cristo se fez "carne" (Jo 1,14), ação acabada de Deus e plena, mas Deus falou também pelos profetas, falou pelos Apóstolos e fala ainda hoje pelo Magistério, tendo Cristo como o centro. O cristianismo, então, não é a religião de um livro, mas a religião da Palavra, que se tornou humana e inseparável da história humana (cf. DV, 7;11). A Palavra é ainda criadora; tem sua dimensão cósmica.

# Anexo

## Prática de leitura orante da Palavra de Deus

Tenhamos em conta o que papa Francisco e a grande tradição da Igreja ensina sobre a *Letio Divina*, leitura orante da Palavra (cf. EG, 153s). Toda leitura orante deve partir do texto, da escuta atenta da Palavra. O esquema abaixo nos ajuda nesse exercício.

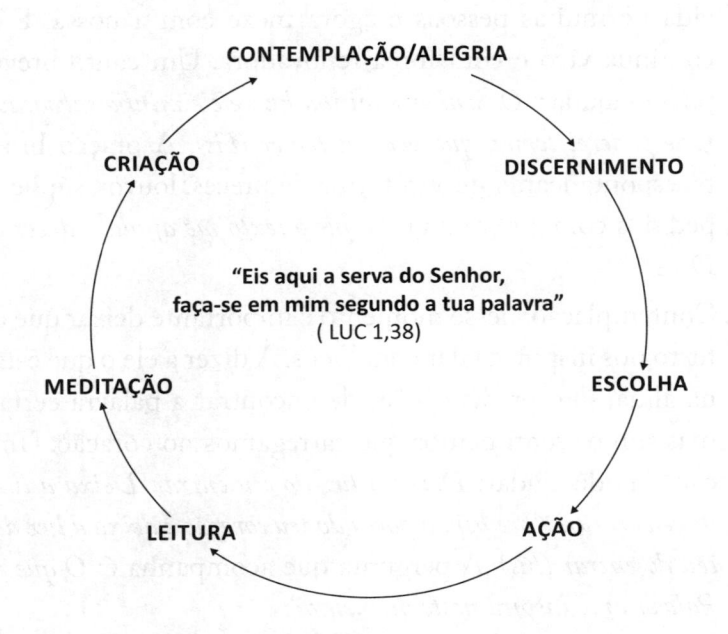

```
              CONTEMPLAÇÃO/ALEGRIA
         ↗                          ↘
   CRIAÇÃO                          DISCERNIMENTO

              "Eis aqui a serva do Senhor,
           faça-se em mim segundo a tua palavra"
                      ( LUC 1,38)
   MEDITAÇÃO                          ESCOLHA

         ↖                          ↙
         LEITURA               AÇÃO
```

1. Ler o texto: com a ajuda de um canto, por exemplo, *Escuta Israel, Javé, teu Deus, vai falar (bis);* precisamos aprender a ler o texto, sem cair na tentação de interpretar (cf. EG, 153). É bom escolher textos curtos, cuja mensagem seja mais direta. Ouvir uma e outra vez até repeti-lo sem ler novamente. A pergunta é: *Senhor, o que o texto me diz?*

2. Meditar o texto: após a leitura é preciso compreendê-lo, descobrir sua mensagem, ouvir a voz de Deus que fala nos personagens, nos acontecimentos e na história. Um refrão cantado pode ajudar: *Senhor, que a tua Palavra transforme a nossa vida (bis).* Usar da imaginação para perguntar: *O que o texto me ajuda a entender?*

3. Oração com o texto: a mensagem do texto impactou a vida de muitas pessoas e agora mexe com a nossa. Ele continua vivo e com força renovadora. Um canto breve poderá ajudar: *O Senhor é minha luz, ele é minha salvação. Que poderei temer, que poderei temer (bis).* A oração brota, espontaneamente, em forma de preces, louvor, súplica, pedidos com a pergunta: *O que o texto me ajuda a dizer a Deus?*

4. Contemplação: nesse momento é importante deixar que o texto nos inspire a falar com Deus. A dizer a ele o que está na alma, sem preocupações de encontrar a palavra certa, mas sim os sentimentos que carregamos no coração. Um canto pode ajudar: *Deixa a luz do céu entrar. Deixa a luz do céu entrar. Abre bem a porta do teu coração e deixa a luz do céu do entrar (bis).* A pergunta que acompanha é: *O que a Palavra me inspira neste momento?*

5. Discernimento: Há muitas coisas a serem feitas, mas uma deve ser importante nesse momento. A pergunta é: *Senhor, à luz da tua Palavra, o que devo fazer?*
6. Escolher: deixar que o Espírito fale no mais profundo da alma. Um canto pode ajudar: *Vem, Espírito Santo, vem, vem iluminar (bis).* No silêncio do coração e à luz da Palavra Deus fala.
7. Ação: a *Letio* se conclui com a determinação para a ação. Após a escolha feita, o orante expressa o agradecimento com o canto: *E pelo mundo eu vou cantando o teu amor, pois disponível eu estou para servir-te, Senhor (bis).*

## 2. A formação da Palavra no Antigo Testamento

Os livros do Antigo Testamento expressam, com suas próprias categorias, a comunicação de Deus em um contexto tribal em que uma nação foi, aos poucos, sendo construída, formando o povo de Israel. A Palavra no AT não surgiu do nada, mas de experiências humanas, que foram aos poucos sendo aglomeradas no culto, na conquista da terra prometida e na tradição da Arca da Aliança (cf. Baena, 2011, p. 272s), que formatou o grande culto a Yahveh. Muitos desses relatos foram narrados em forma de mitos.

Desde o chamado de Moisés até a saída da escravidão do Egito, as tribos foram assumindo uma consciência de que um Deus poderoso estava atuando entre eles e sua face se escondia nas ações de Moisés. Foi essa força libertadora de Deus que arrancou das mãos do faraó aqueles escravos, introduziu, no deserto, uniu-os na forma de culto e os levou até a Terra antes habitada, mas que agora se torna a terra de todos em uma unificação de tradições que formata a identidade do Povo de Yahveh.[1]

Essa união de tribos, certamente anterior à Monarquia, teve, como fato importante, a saída do Egito e a posse da Terra, dando origem ao culto ao Deus libertador e a todo o Pentateuco (cf. Baena, 2011, p. 272). Aquilo que, sabiamente, Bento XVI chamou de "páginas obscuras da Bíblia" (VD, 42), em fatos marcados, às vezes, pela violência, pelas guerras e conquistas, constitui-se um processo educativo de Deus, que desembocou na pessoa de Jesus Cristo.

É possível dizer que com o rei Davi a união das tribos tornou-se uma realidade unificada. É ele que conquistou uma cidade, reuniu o povo e formou um império, "reinando sobre todo o povo de Israel e administrando o direito e a justiça para todo o povo" (2Sm 8,15). Foi Davi que fortaleceu as fronteiras e venceu os filisteus, moabitas, amonitas, edomitas, arameos (2Sm 8,1-14; 10,1-11; 12,26-31). Sem dúvida alguma, dentro da concepção de Palavra de Deus na história, Davi foi o maior rei de Israel (cf. Baena, 2011, p. 278). Ele foi entendido pelo povo como a expressão da presença de Deus salvador; assim também como a história de Josué foi entendida como presença salvadora de Deus na história. Dando lugar ao entendimento de que Deus não atua fora da história humana, mas no interior dela. Assim Deus se revela como "oculto e guia da história" por meio da docilidade dos seus eleitos. Assim não há

---

[1] Sou consciente de que a narrativa da história de Israel é feita de forma linear, ou seja, desde o Egito já se imagina um povo organizado que foge com Moisés, mas na verdade não foi assim. Não existia um povo, uma nação, mas tribos escravizadas que, ao saírem, lideradas por Moisés, foram aos poucos formando uma nação.

âmbito privado ou profano para a ação de Deus, pois Ele irrompe e rompe todos os esquemas aparentes e manifesta sua vontade.

Essa mesma categoria aconteceu na presença dos grandes patriarcas Abraão, Isaac e Jacó; ali Deus entrou pelos cultos tribais, domésticos, e formou a grande história dos patriarcas com um só Estado e culto. Então, as Tradições domésticas desses patriarcas foram a base para a unificação do Estado de Israel possibilitando fundamentar todas as conquistas e a releitura, seja do exílio Babilônico, como do retorno à Terra como ação salvadora de Deus. O povo de Israel, expressão fundamental da unificação, nasce exatamente baixo o reinado de Davi. Trata-se da família de Deus. Portanto, "Yahveh não se revela como um Deus que intervém em Israel, desde fora com milagres e prodígios, mas que atua desde dentro e com direito próprio sobre seu povo, porque é a sua família e lhe pertence, por isto, Ele a conduz de forma responsável e misteriosa. O povo percebe nas categorias de libertação a presença salvadora de Deus. Daí a expressão cabal: "Eu sou teu Deus e tu serás meu povo" (Jr 32,38; 30,22; Êx 6,7; Lv 26,12; Ez 37,15-28), e o magnífico texto do Deuteronômio nos capítulos 5 e 6, que praticamente sintetiza tudo o que acabamos de dizer.

O grande momento é também o credo histórico que recapitula todos os fatos importantes da história da salvação, desde a saída de Abrão da Caldeia, passando por Moisés, até a conquista da terra (Dt 26,5b-9). Trata-se de uma oração cultual que reconhece a grandeza da mão de Deus que unifica e liberta seu povo (cf. BAENA, 2011, p. 296-298). É o resumo cultual da salvação de Deus que escuta o clamor do seu povo e desce para salvá-lo de toda escravidão, calamidade e idolatria. Em tempos de Salomão essa realidade será ainda maior na unidade política e territorial. Somente com essa amplidão da formação do AT é possível entender sua estrutura básica que temos hoje.

### 3. A composição dos textos bíblicos

A Bíblia como está composta hoje não surgiu assim. Ela é fruto de um processo que, ao longo do tempo, foi sendo elaborado por tradutores e circunstâncias históricas. Tenhamos presente que capítulos e versículos não foram usados pelos autores, mas acrescentados pelos estudiosos dos textos. Os textos foram elaborados muito tempo depois dos fatos, pois, predominava a tradição oral. Na elaboração dos textos entraram várias tradições, experiências e culturas, nada é linear, porém, as narrativas foram inspiradas por Deus (cf. VD, 19), para revelar sua vontade. A narrativa não é fruto de uma curiosidade humana, mas de uma leitura de fé dos fatos, "portanto, toda Escritura é divinamente inspirada e útil para ensinar, corrigir, para instruir na justiça: para que o homem de Deus seja perfeito, experimentado em todas as boas obras" (2Tm 3,16-17; DV, 11).

1. Há diferenças de composição da Bíblia entre judeus, cristãos católicos e protestantes;
2. As línguas de composição da Bíblia foram o hebraico e grego;

3. O judaísmo tardio usou a língua hebraica na formação do AT, portanto texto mais restrito;
4. Os judeus que viviam na diáspora utilizaram tanto a tradução hebraica como a grega;
5. A tradução grega foi iniciada em 250 a.C., em Alexandria, chamada também "dos 70 sábios";
6. A tradução grega compreendia alguns livros a mais que a hebraica (1-2 Macabeus, Judite, Tobias, Eclesiástico, Sabedoria, Baruc);
7. Os primeiros cristãos, de origem grega, adotaram a tradução mais ampla, dos 70;
8. São Jerônimo traduziu a Bíblia para o Latim da tradução dos 70 (grego);
9. Lutero e Calvino – reforma protestante do século 16 – traduziram do hebraico, texto mais restrito;
10. Então, a tradução ampliada dos 70, de origem grega, não é aceita pelos judeus e nem pelos protestantes.

**Tradução católica:** feita por São Jerônimo (vulgata latina). Tem como base a tradição canônica grega. O Antigo Testamento é composto deste modo:

Pentateuco: Gênesis, Êxodo, Levítico, Números, Deuteronômio;
Livros históricos: Josué, Juízes, Rute, 1 e 2 Samuel, 1 e 2 Reis, 1 e 2 Crônicas, Esdras, Neemias, Ester, Judite, Tobias, 1 e 2 Macabeus;
Livros sapienciais: Salmo, Provérbios, Eclesiastes, Cântico dos Cânticos, Jó, Sabedoria, Eclesiástico;

Livros proféticos: Isaías, Jeremias, Lamentações, Baruc † carta de Jeremias, Ezequiel, Daniel e os 12 profetas menores: Oseias, Amós, Miqueias, Joel, Abdias, Jonas, Naum, Habacuc, Sofonias, Ageu, Zacarias, Malaquias;

**Tradução protestante (base hebraica):** O Antigo Testamento é composto deste modo:

Pentateuco: Gênesis, Êxodo, Levítico, Números, Deuteronômio;

Históricos: Josué, Juízes, Rutet, 1 e 2 Samuel, 1 e 2 Reis, 1 e 2 Crônicas, Esdras, Neemias, Ester;

Sapienciais: Salmo, Provérbios, Eclesiastes, Cântico dos Cânticos, Jó;

Proféticos: Isaías, Jeremias, Lamentações, Ezequiel, Daniel e os 12 menores: Oseias, Amós, Miqueias, Joel, Abdias, Jonas, Naum, Habacuc, Sofonias, Ageu, Zacarias, Malaquias.

Em síntese, podemos assim considerar a Palavra nas origens de Israel:

1. Tribos que vivem nas montanhas;
2. Foram levadas escravas ao Egito e libertadas pela ação de Moisés;
3. Uniram-se a partir do culto e das tradições;
4. Com Davi se fortificaram como povo, unindo as tradições domésticas dos patriarcas e os cultos primitivos;
5. Yahveh se revela como único Deus, pai de uma grande família;
6. Superação dos conflitos religiosos e políticos contra os povos vizinhos;
7. Pacto da Aliança Javista;

8. Monarquia como expressão da unificação cúltica, política e territorial da conquista da terra;
9. Profetismo, tempo dos juízes e patriarcas, como modalidades da revelação de Deus que sempre quis se comunicar desde dentro da história humana.

A cronologia do AT que apresento na tabela a seguir é fruto de um grande esforço pessoal, com base em meus estudos bíblicos, para tentar organizar na linha do tempo os dados que compõem os acontecimentos históricos com seus personagens e a tradição profética e monárquica de Israel.

## Cronologia Antigo Testamento

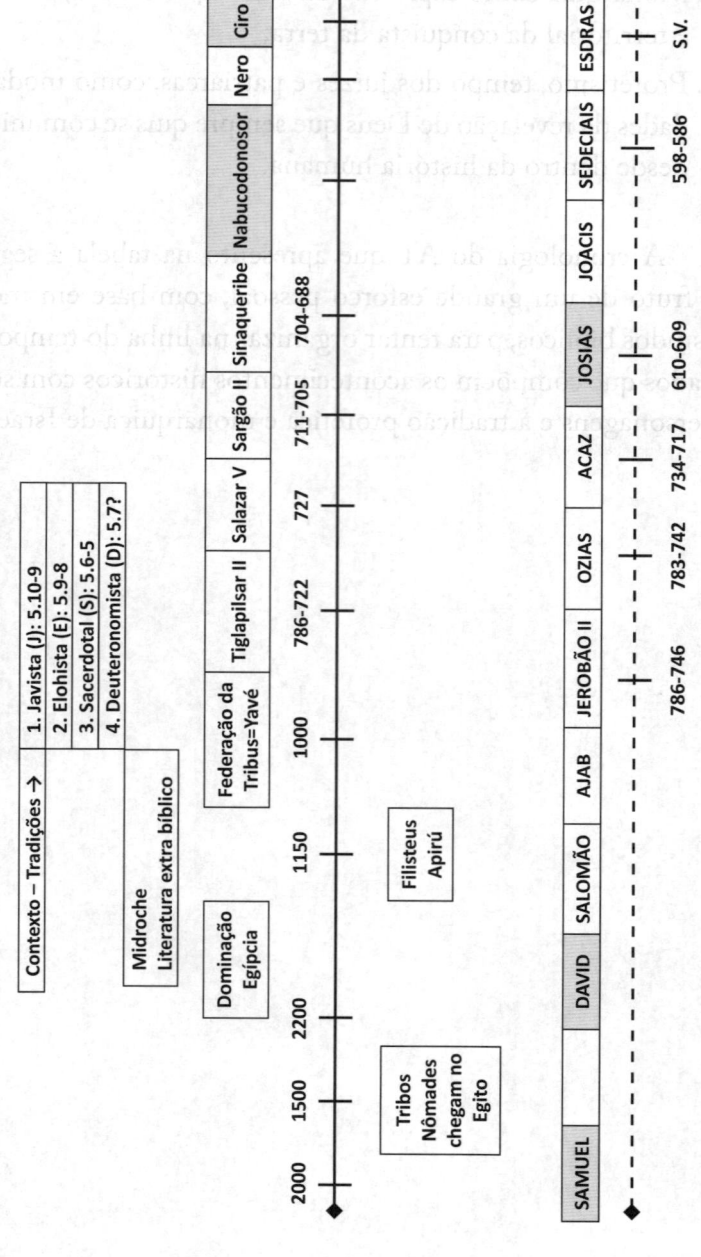

| Contexto – Tradições → | 1. Javista (J): 5.10-9 |
| --- | --- |
| | 2. Elohista (E): 5.9-8 |
| | 3. Sacerdotal (S): 5.6-5 |
| | 4. Deuteronomista (D): 5.7? |

Midroche
Literatura extra bíblico

| Dominação Egípcia | | Federação da Tribus=Yavé | Tiglapilsar II | Salazar V | Sargão II | Sinaqueribe | Nabucodonosor | Nero | Ciro |
| --- | --- | --- | --- | --- | --- | --- | --- | --- | --- |
| | | 1000 | 786-722 | 727 | 711-705 | 704-688 | | | |

2000 — 1500 — 2200 — 1150 — 1000

Tribos Nômades chegam no Egito

Filisteus Apirú

| SAMUEL | DAVID | SALOMÃO | AJAB | JEROBÃO II | OZIAS | ACAZ | JOSIAS | JOACIS | SEDECIAIS | ESDRAS |
| --- | --- | --- | --- | --- | --- | --- | --- | --- | --- | --- |
| | | | | 786-746 | 783-742 | 734-717 | 610-609 | | 598-586 | S.V. |

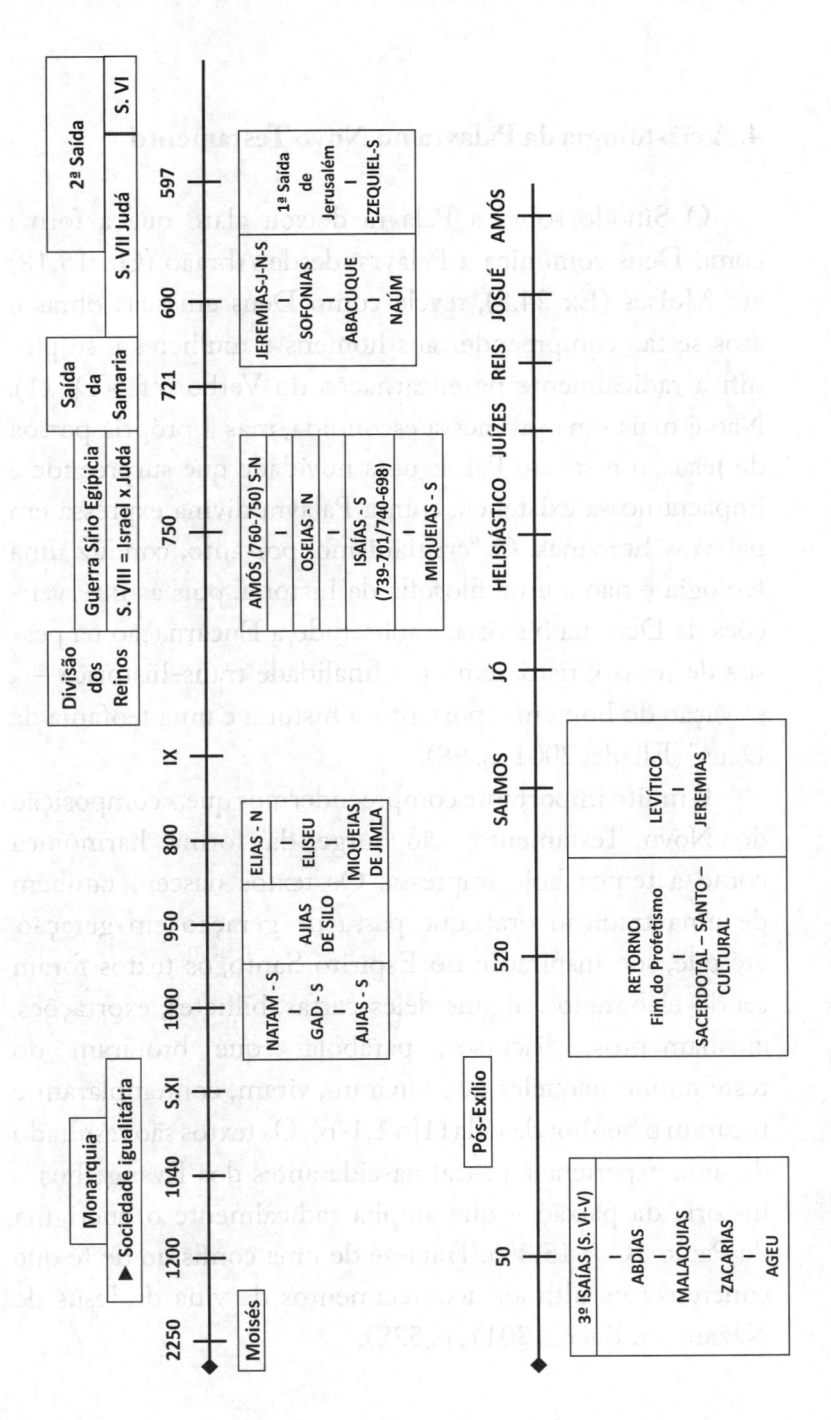

| | | | | | | | | 2ª Saída | S. VI |
|---|---|---|---|---|---|---|---|---|---|
| | | | | | | | | | 597 |
| | | | | | | | 1ª Saída de Jerusalém – EZEQUIEL-S | | S. VII Judá |
| | | | | | JEREMIAS-J-N-S – SOFONIAS – ABACUQUE – NAÚM | | | | 600 |
| | | | | | | Saída da Samaria | | | 721 |
| | | | AMÓS (760-750) S-N – OSEIAS - N – ISAÍAS - S (739-701/740-698) – MIQUEIAS - S | | | | Guerra Sírio Egípcia S. VIII = Israel x Judá | | 750 |
| | | | | | | | Divisão dos Reinos | | |
| | | ELIAS - N – ELISEU – MIQUEIAS DE JIMLA | | | | | | | IX |
| | | | | | | | | | 800 |
| | AJIAS DE SILO | | | | | | | | 950 |
| NATAM - S – GAD - S – AJIAS - S | | | | | | | | | 1000 |
| | | | | | | | | Monarquia ▲ Sociedade igualitária | S.XI |
| | | | | | | | | | 1040 |
| | | | | | | | | | 1200 |
| | | | | | | | | | 2250 |

Moisés

AMÓS – JOSUÉ – REIS – JUÍZES – HELISIÁSTICO – JÓ – SALMOS

LEVÍTICO – JEREMIAS

RETORNO
Fim do Profetismo
SACERDOTAL – SANTO – CULTURAL

520

Pós-Exílio

3º ISAÍAS (S. VI-V) – ABDIAS – MALAQUIAS – ZACARIAS – AGEU

50

63

## 4. A cristologia da Palavra no Novo Testamento

O Sínodo sobre a Palavra deixou claro que a forma como Deus comunica a Palavra, desde Abraão (Gn 15,18) até Moisés (Êx 24,8), revela como Deus em suas obras e atos se faz compreender aos homens e mulheres e se plenifica radicalmente na encarnação do Verbo (cf. VD, 11). Não é mais uma promessa escondida, mas a própria pessoa de Jesus, o rosto do Pai. É uma novidade que surpreende e impacta nossa existência com a Palavra divina expressa em palavras humanas. O "cristianismo, portanto, conduz uma teologia e não a uma filosofia da história, pois as intervenções de Deus na história, e sobretudo a Encarnação na pessoa de Jesus Cristo, têm uma finalidade trans-histórica – a salvação do homem – portanto, a história é uma teofania de Deus" (Eliade, 2001, p. 98).

É muito importante compreendermos que a composição do Novo Testamento não surge da forma harmônica como a temos hoje impressa. Os textos nascem também de uma tradição oral, que passa de geração em geração, até que, sob inspiração do Espírito Santo, os textos foram sendo elaborados, alguns deles cartas, bilhetes, exortações, ensinamentos, discursos, parábolas, que brotaram do testemunho daqueles que ouviram, viram, contemplaram e tocaram o Senhor da vida (1Jo 1,1-6). Os textos são resultado de uma experiência pascal nascida antes dos Evangelhos – história da paixão – que amplia radicalmente o querigma de Paulo 1Cor 15,3-6. Trata-se de uma confissão de fé que concretiza os últimos acontecimentos da vida de Jesus de Nazaré (cf. Baena, 2011, p. 528).

### 4.1. A experiência pascal de Paulo de Tarso

Talvez, para o leitor menos atento, começar a estruturar a mensagem sobre Jesus a partir de Paulo pode parecer estranho, contudo é a veracidade dos fatos que nos dão esse procedimento. Os pontos de partida dos acontecimentos da Páscoa foram estruturados na experiência paulina, em suas cartas e na ação missionária (cf. Baena, 2011, p. 551). Paulo é o mais antigo dos discípulos que nos transmitiu, em um encontro pessoal com Jesus ressuscitado, a experiência fundamental da páscoa, exatamente porque em seus escritos encontramos a maior quantidade de formulações primitivas da fé pós-pascal. Certamente, o Evangelho mais próximo dessas formulações é Marcos, discípulo de Paulo, cujo relato do sepulcro vazio pode constituir uma forma de culto, que, aos poucos, tomou força e passou a expressar a força pascal do anúncio do ressuscitado. Por meio desse culto, chega-se de forma pedagógica à narrativa de fé daquele que ressuscitou.

Para isso temos de considerar, com alguns estudiosos, que a ordem de composição dos textos do NT não são, exatamente, como encontramos na Bíblia católica, na versão dos 70 em geral, ou seja, começando pelos 4 Evangelhos. No final do texto apresento uma tabela que pode ajudar a entender esse processo.

A conversão de Paulo aconteceu, mais ou menos, entre os anos 32 ou 33 d.C., portanto, uns três anos após a morte de Jesus. O primeiro texto escrito do apostolo é do ano 51 ou 52, a carta aos Tessalonicenses, uma resposta à questão da vida eterna. Mais ou menos uns 20 anos após os fatos acontecidos em Jerusalém. Não podemos esquecer que predominava a cultura oral. Ninguém escreveu imediatamente os fatos acontecidos. Os textos não descrevem os fatos exatamente como ocorreram, mas sempre a partir das narrativas, testemunhos de pessoas que viram e ouviram (cf. Baena, 2011, p. 555). É difícil para nós, da cultura da imagem e do registro, pensar assim. Um fato que acontece hoje está imediatamente nas mídias, outrora não era assim. O registro ficava na mente e passava de geração em geração.

O primeiro Evangelho, portanto, escrito, apareceu após as atividades missionárias de Paulo e suas cartas, entre os anos 69-70 d.C., o texto de Marcos e, posteriormente, o de Mateus. O que existia, então, antes desses textos? Uma tradição pascal fundada em um ato de fé: "Deus ressuscitou Jesus dentre os mortos", uma fórmula que Paulo encontra nos relatos e que também foi registrada nas pregações de outros seguidores de Jesus (Rm 10,9; 4,24; 1Cor 6,14; Gl 1,1; 1Ts 1,10; Cl 2,12; Ef 1,20; 2Tm 2,8; At 3.15; 4,10; 13,30). Eram categorias apocalípticas usadas pelos primeiros cristãos para narrar a experiência da ressurreição de Jesus. Em outros fatos a mediação de ressurreição é dada a uma pessoa, mas no caso de Jesus foi Deus mesmo que o ressuscitou. Trata-se de um querigma fundamental e definitivo (1Cor 15,3-5) para a experiência cristã e remonta os anos 57 d.C.

Isso significa que as aparições não tiveram, na comunidade cristã primitiva, a prova do encontro pessoal com Jesus, mais bem elas entram dentro das explicações, uma categoria que procuram expressar a ressurreição (cf. Baena, 2011, p. 557). O texto clássico é o capítulo 24 de Lucas, os discípulos de Emaús, uma catequese que explica como eles reconheceram o Senhor, quer dizer, na escuta da Escritura e na fração do Pão. Isso sim é prova cabal de que Deus ressuscitou Jesus. O grande teólogo católico Schillebeecky afirma isso quando diz que "a fé na ressurreição é mais antiga que os relatos de aparições. O relato das aparições explica o que a Igreja acredita" (Schillebeeckx, 1981, p. 327).

Portanto, a primeira testemunha que, de fato, coloca por escrito a sua experiência com o ressuscitado é Paulo de Tarso, pois definiu sua conversão radical. Ele entendeu que o conteúdo daquele fato era essência de sua missão (Gl 1,11-16) e, também, ele considera que o que aconteceu a Pedro e aos demais discípulos está na mesma proporção de sua experiência (1Cor 15,8.11). O que Paulo relata de sua conversão é o resultado da interpretação categorial de como ele viveu à luz da fé o encontro com o ressuscitado no caminho de Damasco. Paulo não era um pecador convertido, mas um judeu piedoso e fiel que teve a vida radicalmente transformada no encontro com o Deus vivo, cujo nome era Jesus. Ele deixa o seguimento da Lei para seguir a Jesus, única Salvação possível. As narrações que temos da conversão de Paulo são tão densas que ficaram gravadas nos Atos dos Apóstolos como uma nova consciência religiosa (9,1-22; 22,3-21; 26,9-20). Lucas é o autor desses relatos e eles obedecem ao estilo dele. Ele fala de uma manifestação de Jesus a Paulo, enquanto o próprio Paulo entende não como manifestação, mas como chamado.

Paulo é, então, o primeiro missionário e teólogo cristão que narra sua conversão, e foi mais além dos relatos de Lucas e se fixou no essencial (1Cor 15,8-11; Gl 1,11-24; Fl 3,5-14). Ele, diferentemente de Lucas, entende o caminho de Damasco como chamado exclusivo de Deus para uma missão determinada. Tendo como exemplo o profeta Jeremias, Paulo considera sua vocação como escolha de Deus para que ele se dedicasse como profeta aos pagãos. Ele mesmo diz: "Ele, Jesus, apareceu a mim também" (1Cor 9,1; 15,8) e "Deus revelou a mim o seu Filho" (Gl 1,16; 2Cor 12,1-7; Gl 1,12; 2,2). Paulo está convencido que sua vocação nasceu do desejo de Deus, da iniciativa livre de Deus, portanto, mais que uma lenda sobre um convertido, os relatos formam uma narrativa existencial de um homem tocado profundamente por Deus para uma missão determinada e única. Sua conversão é um voltar para Deus de forma radical (cf. Baena, 2011, p. 574-585).

*4.2. A compreensão do Novo Testamento a partir de Paulo*

É possível afirmar que o NT, como conjunto narrativo, nasceu à luz da experiência pascal paulina. As cartas do apóstolo demonstram claramente que o percurso de fé das comunidades e dos textos evangélicos retomam os elementos fundamentais de Paulo e desdobram os relatos a partir da experiência pascal. A partir da fórmula sintética do ato de fé em 1Cor 15,3b-5, é possível interpretar os demais textos como um desdobramento do contexto teológico que formulou todo o NT. Bento XVI diz, claramente, que "a missão de Jesus cumpre-se no Mistério Pascal... Jesus mesmo se manifesta como a *Palavra da Nova e Eterna Aliança*... mostrando-se como o verdadeiro Cordeiro imolado, no qual se realiza a definitiva libertação da escravidão... Ele é o *Pantocrator*" (VD, 12). Essa teologia pascal encontra, em Paulo, maior ressonância e credibilidade e resume a unidade "entre criação e nova criação e de toda a história da salvação em Cristo" (cf. VD, 13).

A Beraká pascual, portanto, as narrativas primitivas da Paixão, formam um conjunto harmonioso da densa tradição teológica do NT (Rm 4,24; 8,11; 2Cor 4,14; Gl 1,11). Configurando, assim, o eixo da narrativa da Paixão de Jesus (1ª Parte dos Evangelhos) e, consequentemente, os relatos de sua vida pública (2ª Parte dos Evangelhos) e depois as interpretações da ressurreição com os relatos de ressurreição (3ª parte dos Evangelhos). Esse conjunto narrativo nada mais é do que o conteúdo fundamental da revelação pascal e não apenas uma especulação sobre a ressurreição (cf. Baena, 2011, p. 907). Nasce assim os sinóticos e o relato de João a partir dos anos 69 até 100. Podemos graficamente expor a formação desses relatos nos Evangelhos com a seguinte exposição gráfica:

**1ª Parte: relatos da paixão: Beraká pascal**

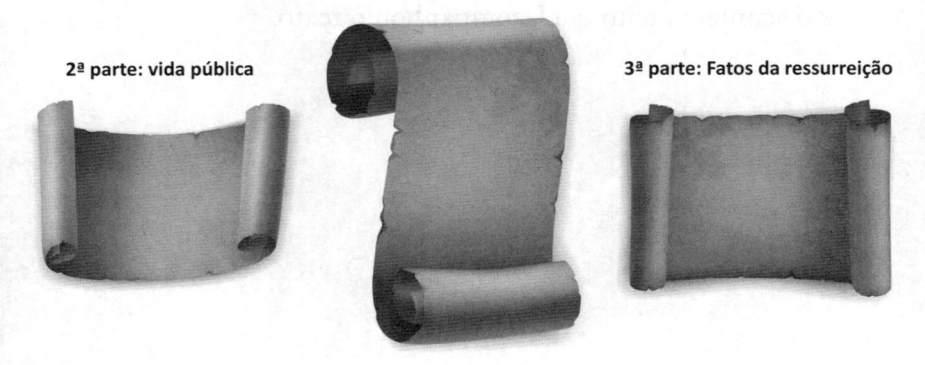

**2ª parte: vida pública**

**3ª parte: Fatos da ressurreição**

Essa forma didática pode ajudar na compreensão de que a interpretação dos fatos sobre Jesus não foi inventada ou gerada por um grupo de fanáticos religiosos, mas por homens e mulheres que, a partir da fé, revelaram o que viram, ouviram, contemplaram e tocaram (1Jo 1,1-4). Consequentemente, os demais textos do NT se desdobram dessa realidade e manifestam a assimilação dela a partir das questões locais, dos conflitos vividos e das respostas manifestas. Os textos não se configuram como argumentos apologéticos – defesa da fé – simplesmente, mas como ato de fé do que é recebido como graça, celebrado como festa, experimentado como Mistério, compreendido a partir dos ensinamentos dos apóstolos, anunciado como missão e testemunhado como serviço.

A tabela cronológica que apresento a seguir é uma ajuda para entender como esses textos surgiram dentro das comunidades cristãs. Nela, o leitor encontrará uma ordem, de fato, cronológica que revela muito bem a origem, o destino e o acontecimento que acompanhou o texto.

# Cronologia Novo Testamento
## A partir do Itinerário Paulino

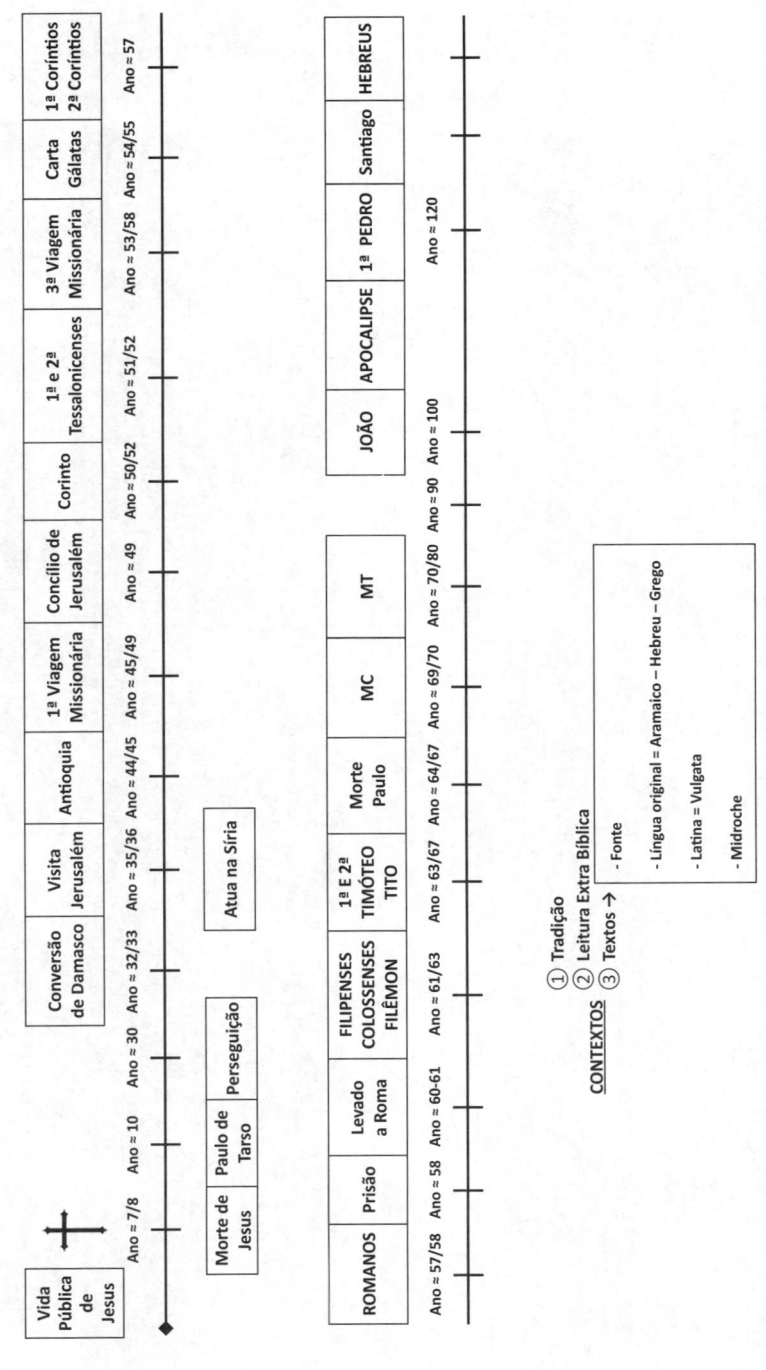

| Vida Pública de Jesus | | Conversão de Damasco | Visita Jerusalém | Antioquia | 1ª Viagem Missionária | Concílio de Jerusalém | Corinto | 1ª e 2ª Tessalonicenses | 3ª Viagem Missionária | Carta Gálatas | 1ª Coríntios 2ª Coríntios |
|---|---|---|---|---|---|---|---|---|---|---|---|
| Ano ≈ 7/8 | Ano ≈ 10 | Ano ≈ 30 | Ano ≈ 32/33 | Ano ≈ 35/36 | Ano ≈ 44/45 | Ano ≈ 45/49 | Ano ≈ 49 | Ano ≈ 50/52 | Ano ≈ 51/52 | Ano ≈ 53/58 | Ano ≈ 54/55 | Ano ≈ 57 |

| Morte de Jesus | Paulo de Tarso | Perseguição |
|---|---|---|

Atua na Síria

| ROMANOS | Prisão | Levado a Roma | FILIPENSES COLOSSENSES FILÉMON | 1ª E 2ª TIMÓTEO TITO | Morte Paulo | MC | MT |
|---|---|---|---|---|---|---|---|
| Ano ≈ 57/58 | Ano ≈ 58 | Ano ≈ 60-61 | Ano ≈ 61/63 | Ano ≈ 63/67 | Ano ≈ 64/67 | Ano ≈ 69/70 | Ano ≈ 70/80 |

| JOÃO | APOCALIPSE | 1ª PEDRO | Santiago | HEBREUS |
|---|---|---|---|---|
| Ano ≈ 90 | Ano ≈ 100 | Ano ≈ 120 | | |

**CONTEXTOS**
① Tradição
② Leitura Extra Bíblica
③ Textos →
- Fonte
- Língua original = Aramaico – Hebreu – Grego
- Latina = Vulgata
- Midroche

# Anexo

# Rito da Entrega do Símbolo Apostólico (Credo) Adaptado do RICA

*(Prepare-se em uma bandeja os cartões com o Credo. Os catequizandos entram na procissão de entrada e ocupam lugar de destaque. Um catequista leva a bandeja com os cartões. Cada catequizando com seu introdutor.)*

**APÓS A SAUDAÇÃO INICIAL**

**P.:** Queridos catequizandos, Cristo chamou vocês para serem seus amigos. Lembrem-se dele e sejam fiéis em segui-lo. Vocês serão marcados com o Sinal da cruz de Cristo, que é o sinal dos cristãos, sinal da nossa salvação.
(Enquanto quem preside pronuncia a fórmula, os introdutores ou, na ausência deles, os pais, traçam o Sinal da cruz, conforme segue:)
**P.:** Recebe na fronte o Sinal da cruz. Aprende a conhecer e seguir ao Senhor.
**P.:** Recebe nos olhos o Sinal da cruz, para que vejas a glória de Deus.
**P.:** Recebe nos ouvidos o Sinal da cruz, para que ouças a voz do Senhor.
**P.:** Recebe na boca o Sinal da cruz, para que respondas à Palavra de Deus.

**P.:** Recebe nos ombros o sinal da cruz, para que carregues o jugo suave de Cristo.
**Oremos:** Deus todo-poderoso, que pela cruz e ressurreição de vosso Filho, destes a vida ao vosso povo, concedei que estes catequizandos, marcados com o Sinal da cruz, seguindo os passos de Cristo, conservem em sua vida a graça da vitória da cruz e a manifestem por palavras e atitudes. Por nosso Senhor Jesus Cristo, na unidade do Espírito Santo.
**T.: Amém.**

## APÓS A HOMILIA

**Catequista:** Aproximem-se, catequizandos, para receber da Igreja o Símbolo da fé.
**P.:** Caros catequizandos, parabéns pela caminhada de vocês. A fé nos foi dada por Deus e dela deram testemunho os primeiros cristãos. Recebam e aprofundem o Credo para viverem conscientes o caminho do Senhor.
**Oração:** Concedei, Senhor, a estes vossos catequizandos, a quem são revelados os desígnios do vosso amor, por meio deste símbolo da fé que vão receber, a graça de guardar no coração as palavras e vivê-las por ações concretas em sua vida. Por nosso Senhor Jesus Cristo, que é Deus na unidade do Espírito Santo.
**T.: Amém.**
*(Quem preside entrega o símbolo. Caso sejam muitos os catequistas ajudam também neste gesto. Após receberem o símbolo, os catequizandos se voltam para a assembleia e rezam o Credo. A assembleia completa:)*
**Assembleia:** Esta é a nossa fé, que da Igreja recebemos e nela queremos viver e morrer.
*(A celebração prossegue como de costume.)*

## 5. O Credo Apostólico

A fé da Igreja está sustentada em três pilares: 1) Cremos em Deus Pai criador; 2) Cremos em Jesus Cristo, Filho único de Deus; 3) Cremos no Espírito Santo (cf. CIgC, 199.422.683). Trata-se, portanto, de uma fé trinitária. Não cremos em um Deus isolado, mas na comunhão de pessoas em uma unidade (cf. LG, 2-4; cf. CIgC 253s). Tão diferentes, porém, essas diferenças não se revelam como exclusões, mas como comunhão e riqueza. Não são três deuses, mas um só Deus que, em sua infinita liberdade, se comunicou na ação criadora do Pai de plena gratuidade; na ação salvadora do Filho em plena gratidão e na ação santificadora do Espírito em plena união (Santo Inácio de Loyola). Como também descrevia Santo Agostinho: O Pai é o eterno amante, aquele que tem a iniciativa de amar e gerar a vida; o Filho é o eterno amado que se relaciona com o Pai como filho predileto e obediente; o Espírito Santo é o eterno amor que une a todos na essencialidade da criação. Esse modelo de comunidade é para nós a motivação de comunhão mais profunda, o resto é acidente.

### 5.1. Cremos em Deus Pai Criador

Brevemente quero considerar essa fórmula de fé. Jesus mesmo fala de Deus como o único que devemos amar (Mc 12,29-30). De forma criativa e misteriosa, o Pai quis se revelar de forma progressiva desde as experiências das tribos e a configuração do povo de Israel. Ele chama Moisés (Êx 3,6) e o faz seu mensageiro. Ele é aquele que É (Êx 3,13-15). Contudo continua ainda escondido (Is 45,15), algo presente, porém distante, transcendente. Isso significa que não podemos, com nossas próprias condições, dissecar toda a verdade sobre Deus. Somente com nossas categorias humanas podemos nos aproximar daquele que É. Deus é, portanto, "a plenitude do Ser e de toda a perfeição" (CIgC, 213). O NT fala de Deus luz (1Jo 1,5), "Deus amor" (1Jo 4,8). O catecismo sintetiza a crença em Deus Pai em cinco princípios (cf. CIgC, 222-227):

– Deus é grande, muito maior que nossas categorias humanas;
– Diante dessa grandeza, profundidade e largura, devemos viver em ação de graças;
– Reconhecer que somos, como pessoas, a imagem e semelhança de Deus, portanto, todos irmãos e irmãs;
– Precisamos viver coerente com a vontade de Deus, renunciando ao que não vem de Deus;
– Saber confiar em Deus porque a fé gera esperança e, como bem rezava Santa Teresa de Ávila: "Nada te perturbe, nada te assuste, tudo passa, Deus não muda, a paciência tudo alcança, quem a Deus tem, nada lhe falta. Só Deus basta".

### 5.2. Cremos em Jesus Cristo, Filho único de Deus

Jesus nos revelou o rosto do Pai (Mt 11,27). Tudo que sabemos sobre o Pai nos foi revelado pelas obras e palavras de Jesus. Ele, Jesus, veio de Deus, pelo sim de Maria (Lc 1,38) e de José (Mt 1,24). Assim foi da vontade do Pai. Poderia ter sido diferente? Com certeza, mas os desígnios do Pai, sua iniciativa, não estão subjugados aos nossos. O mistério da encarnação do Verbo perpassa todo o NT. Portanto,

Jesus é o centro de toda a catequese (cf. CIgC, 426), e a missão da Igreja é evangelizar, ou seja, comunicar essa verdade. É fundamental, portanto, que a ação catequética nos leve à comunhão plena com o Mistério de Jesus Salvador.

O nome Jesus era muito comum e significa "Deus Salva". As multidões procuravam Jesus porque ele curava os doentes (Mt 4,21; 5,1; 8,1-9; Mc 3,1-6; 4,1-9; Lc 8,40ss; Jo 9,1-7), expulsava os demônios (Lc 8,26-39; 9,32-34; Mc 5,1-20), perdoava os pecados (Lc 19,1-10; Lc 23,39-43; Jo 8,1-11), multiplicava o pão e o peixe (Lc 9,10-17; Mt 14,13-21; 15,32-39), tinha poder sobre as forças da natureza (Mt, 14,22-33; 8,23-27), mas ele não era apenas um homem extraordinário e bondoso. No próprio nome dele está presente o Emanuel. Ele é o Cristo, ou seja, o ungido de Deus, o Messias anunciado pelos anjos aos pastores (Lc 2,11). Ele é o Senhor, quer dizer Deus – Kyrios.

### 5.3. Cremos no Espírito Santo

O "Ruah", sopro, vento, é a imagem mais clássica para entender o Espírito Santo. Ele está na criação quando ao moldar um boneco do barro o criador soprou em suas narinas e gerou a vida (Gn 2,7). No diálogo com Nicodemos Jesus diz que é necessário nascer do Espírito (Jo 3,8). Com a Samaritana ele afirma que Deus é Espírito da verdade (Jo 4,24). Quando Jesus menciona o Espírito Santo ele revela algumas qualidades: "Paráclito", "Advogado", "Consolador", "Espírito da verdade" (Jo 14,16.26; 15,26;16,7; 16,13). São qualidades que nos orientam a crer na força de Deus que salva e que se manifesta também no fogo, energia que purifica; nuvem e luz que revelam a manifestação de Deus; selo que marca, confirma e identifica as pessoas; pomba que voa livremente, levando a mensagem de salvação (cf. CIgC, 691-701); unção que escolhe os eleitos e os envia em missão.

Dessa realidade do Espírito brota a Igreja e a ressurreição dos mortos. Nós cremos que a Igreja, é fruto da ação do Espírito. A crença na Igreja é fruto da fé em Deus trino. Não cremos na Igreja enquanto estrutura, mas na santidade, missionariedade e universalidade da Igreja, presente no mundo como fruto do Espírito. A Igreja é a casa convocada para a missão, a comunidade daqueles que são ungidos por Deus. Não se trata de uma hierarquia (diáconos, padres e bispos), muito menos de uma ONG, menos ainda de um partido; a Igreja é a família de Deus que se manifesta como um organismo vivo, rica de carismas, serviços e comunhão (cf. CIgC, 749.770s). Como tal ela é "sinal de salvação como um sacramento" (LG, 9). Assim a Igreja é sinal da presença de Cristo que santifica, envia e salva seus membros, o Povo de Deus sacerdotal, porque somos consagrados por Ele para a missão evangelizadora; Povo de Deus profeta porque anuncia a Boa-Nova e testemunha com a vida aquilo que crê; Povo régio, quer dizer, está no mundo para ser sal, luz e fermento servindo a todos (cf. CIgC, 783-786).

Também do Espírito brota nossa devoção a Maria de Deus, agraciada por Ele para ser Mãe do Salvador. Ela é a Mãe de todas as raças e de muitos nomes (cf. CIgC, 963-972). Maria é, antes de tudo, a Mãe de Jesus, essa é sua missão fundamental e vocação. A partir dessa resposta generosa, ela soube ouvir a Palavra e colocou-se no caminho de Jesus, sendo presença iluminadora na hora da dor.

Por fim, cremos na ressurreição dos mortos a partir do Cristo vivo, pois somos testemunhas da sua ressurreição (At 1,22). Todos ressuscitaremos, porém, esse mistério permanecerá guardado até o dia final, quando estaremos diante de Deus contemplando-o face a face. Para o cristão, a morte não é o fim, mas o limite da vida biológica. Por isso, haverá uma vida eterna, não necessariamente igual a essa, pois não haverá tempo. A vida será transformada. São parte dessa nova realidade os novíssimos.

## 6. Os novíssimos na experiência da iniciação

O processo de *iniciação à vida cristã e catequese permanente* busca recuperar o sentido do discipulado dentro do vasto campo da missão evangelizadora (Cf. DAp 286ss). Contudo, há lacunas enormes nos dias atuais na passagem da fé às novas gerações, que a iniciação ainda não conseguiu resolver. Uma delas é a exposição clara dos novíssimos, quer dizer, das realidades perenes do ser humano. Não podemos esquecer que nossa existência biológica, nesta grande *Casa Comum*, um dia termina, mas há uma vida eterna para a qual caminhamos, o Reino definitivo.

Encontramos no Evangelho um texto que diz: "Na casa de meu Pai há muitas moradas. Quando tiver ido e preparado um lugar para vós, voltarei novamente e vos levarei comigo, para que, onde eu estiver, estejais também vós. E vós conheceis o caminho para onde vou" (Jo 14,2-4). E, quando Tomé pergunta sobre o caminho a seguir, Jesus responde: "Eu sou o caminho, a verdade e a vida" (Jo 14,6). A escatologia, portanto, realidade final de nossa caminhada, tem como núcleo central a pessoa de

Jesus Cristo. É preciso um encontro com ele que fundamente nosso peregrinar. E como o encontramos? Eis a pergunta.

A catequese não pode desconsiderar essa pergunta que brota da existência humana. O papa emérito Bento XVI já dizia que se fala pouco ou quase nada sobre os novíssimos. Em um encontro com o clero de Roma em 2008, indagado sobre isso, ele respondeu que o marxismo nos questionou sobre nosso discurso voltado para a realidade eterna e, para responder ao problema, abandonamos a catequese sobre a escatologia cristã e abraçamos somente o presentismo, porém não podemos esquecer que peregrinamos nesta terra em vista do Reino definitivo (cf. Bento XVI, 2008).

Desejo aqui contribuir com esse espinhoso tema. Digo assim porque em um contexto líquido da sociedade contemporânea, no qual o passado é esquecido e o futuro não existe, é muito difícil romper com a barreira do presentismo e apresentar essas realidades últimas – morte, juízo, purgatório, inferno e céu – como algo natural na vida humana, parte essencial do nosso agir.

A pergunta sobre os últimos tempos já estava presente no primeiro escrito do Novo Testamento, a carta aos Tessalonicenses. Paulo é indagado sobre isso e responde: "O dia do Senhor virá como um ladrão à noite" (1Ts 5,1s). Portanto, não podemos perder a esperança (1Ts 4,13ss). E, hoje, ainda nos perguntamos sobre esse fim? Há alguma inquietação com o que virá depois da morte biológica? Em que momento da catequese seria oportuno descer a esse pormenor e refletir com os catequizandos sobre essa realidade existencial que não nos remeta ao desespero ou lamentos diante da morte, mas a aceitá-la na perspectiva da salvação?

Dividindo em três partes essa reflexão: a primeira nos falará sobre a morte na perspectiva cristã, que exige uma antropologia nova; a segunda sobre o juízo final, no qual trataremos o sentido do purgatório, inferno e céu; a terceira parte será sobre a alegria de viver o encontro com o Senhor, como garantia de sentido para a vida eterna.

### 6.1. Primeira parte: a morte na perspectiva cristã

Existe uma música de Gonzaguinha que diz: "Viver e não ter a vergonha de ser feliz". Viver bem aponta, então, para a felicidade. Somos seres criados para a felicidade, quer dizer, transcender em nós mesmos e além de nós. Nesse sentido, a escatologia[2] cristã (cf. Paulo VI, 1971) nos remete a esse além do presentismo. Por conseguinte, o que é morrer? No livro da Sabedoria encontramos um texto que diz: "O justo agradou a Deus, e Deus o amou. Como ele vivia entre os pecadores, Deus o transferiu. A alma dele era agradável ao Senhor, e este se apressou em tirá-lo do meio da maldade" (4,7-15). Séculos depois, São João confirma esse ensinamento, quando diz que "Todos os que o Pai me confia virão a mim e, quando vierem, não os afastarei. A vontade do Pai é que eu não perca nenhum daqueles que Ele me deu, mas os ressuscite no último dia" (Jo 6,37-39). A morte, portanto, na perspectiva bíblica não é perda, mas encontro, lucro (Fl 1,21).

Santo Ambrósio dizia que a morte é um remédio porque a vida humana é penosa (cf. SS, 21). Então, para o cristianismo a morte é o término natural da vida biológica, consequência do pecado (cf. CIgC, 1007-1009). Essa re-

---

[2] A escatologia é um termo que provém do grego e está formado por duas partes: éskatos, que significa o último ou o final e, por outro lado, *logia*, que quer dizer estudo ou conhecimento. Consequentemente, a escatologia é a disciplina que estuda as causas finais ou as últimas realidades.

alidade nos remete à própria experiência do batismo, porque nele somos sepultados, morre o ser humano velho, e ressuscita, em Cristo, o ser humano novo. Ressuscitar é, portanto, um apostar para algo além da morte, que comporta novas relações entre os seres humanos, inclusive com a natureza (cf. Solano, 2014, p. 13-28). Morremos quando fomos batizados. Essa é a realidade que cala fundo na vivência cristã. É o mergulho nele, mas é ao mesmo tempo um renascer com Ele para a peregrinação rumo ao definitivo. Portanto, a morte biológica nada mais é que um sinal dessa passagem não agendada, mas que acontece no percurso humano como natural e necessária para se chegar à meta e a transformação em Deus, na medida em que nos abrimos a sua ação libertadora.

> Não é esta vida que serve de referência para a eternidade, para a outra vida, para a vida que nos espera, mas é a eternidade – aquela vida – que ilumina e confere esperança à vida terrena de cada um de nós! Se virmos somente com olhos humanos, seremos levados a dizer que o caminho do homem vai da vida para a morte. Isto é visível! Mas só é assim se virmos com olhos humanos. Jesus inverte esta perspectiva e afirma que a nossa peregrinação vai da morte para a vida: a vida plena! Nós estamos a caminho, em peregrinação rumo à vida plena, e é esta vida plena que ilumina o nosso caminho! Por conseguinte, a morte está atrás, no passado, não diante de nós. À nossa frente está o Deus dos vivos, o Deus da aliança, o Deus que traz o meu nome, o nosso nome, como Ele mesmo disse: "Eu sou o Deus de Abraão, de Isaac e de Jacob", também é o Deus que traz o meu

> nome, o teu nome, o nome de cada um…, o nosso nome. O Deus dos vivos! [...] À nossa frente está a derrota definitiva do pecado e da morte, o início de um novo tempo de alegria e de luz sem fim. Mas já nesta terra, na oração, nos Sacramentos e na fraternidade, nós encontramos Jesus e o seu amor, e deste modo podemos antegozar algo da vida ressuscitada. A experiência que vivemos do seu amor e da sua fidelidade faz arder como um fogo no nosso coração, aumentando a nossa fé na ressurreição. Com efeito, se Deus é fiel e ama, não pode sê-lo a tempo limitado: a fidelidade é eterna, não pode mudar. O amor de Deus é eterno, não pode mudar! Não é a tempo limitado: é para sempre! É para ir em frente! Ele é fiel para sempre e espera-nos, espera cada um de nós, acompanha cada um de nós com esta fidelidade eterna (Papa Francisco, 2013).

 Assim vamos morrendo e ressuscitando (cf. Solano, 2014, p. 25). São Paulo relata essa realidade quando diz: "No momento em que este corpo perecível se revestir de incorruptibilidade e o que é mortal for revestido de imortalidade, então se cumprirá a palavra que está escrita: 'Devorada, pois, foi a morte pela vitória! Onde está, ó Morte, a tua vitória? Onde está, ó Morte, o teu aguilhão?' Porquanto, o aguilhão da Morte é o pecado, e o poder do pecado é a Lei" (1Cor 15,54-56).

 No entanto, não queremos morrer e as pessoas as quais estamos ligados pelos laços familiares não querem que morramos, contudo, existir eternamente seria insuportável (cf. ESS, 11). Vivemos o dilema existencial que o Vaticano II (1962-1965) descreveu com muita precisão:

> O que é o homem? Qual é o significado da dor, do mal, da morte que, apesar de tanto progresso conseguido, continuam a subsistir? Para que aquelas vitórias adquiridas a tanto custo? O que pode o homem trazer para a sociedade e dela esperar? O que se seguirá depois desta vida terrestre? A Igreja acredita que Cristo, morto e ressuscitado para todos, pode oferecer ao homem, por seu Espírito, a luz e as forças que lhe permitirão corresponder à sua vocação suprema (GS, 10).

Queremos, então, a vida eterna! Essa é a nossa meta fundamental e existencial. Contudo, para entender o sentido da vida eterna, temos de sair do pensamento da temporalidade, porque não se trata de uma vida cronológica, marcada pelo calendário. A morte nos põe em uma dimensão nova e de totalidade que preencherá nosso vazio existencial (cf. ESS, 12).

Na catequese o tema da morte precisa ser recuperado. Não como algo macabro e penoso, angustiante e com sentido de perda, mas com a marca da salvação. É preciso ajudar os catequizandos a experimentar o final da vida biológica como "um remédio", cujo efeito será vivido plenamente na páscoa do Senhor. Essa é nossa esperança. Por conseguinte, viver aqui, nesta terra, deve ser a resposta generosa a um dom recebido que tem seu sentido único, insubstituível e passageiro no encontro pessoal com Jesus Cristo. O céu, o purgatório e o inferno, de fato, começam aqui. Não há um lugar no espaço ou abaixo de nós, simplesmente há uma dinâmica de transformação no corpo de Cristo que, na morte, une-nos totalmente ao Pai (cf. Solano, 2014, p. 26-27).

### 6.2. Segunda parte: o juízo final

São Paulo afirma que "Todos nós compareceremos diante do tribunal de Cristo, para que cada um receba conforme o que tiver feito, por meio do corpo, o bem ou o mal" (2Cor 5,10). No Evangelho de Mateus encontramos ricas passagens que nos colocam dentro dessa dimensão do juízo final nas parábolas, nos capítulos 24 e 25. Há um pedido enfático para a vigilância. Haverá "sinais no céu... na terra, é preciso observar a figueira quando brota... o dia e a hora não estão marcados em calendário, é preciso estar vigilante, como escravo que espera o retorno do patrão" (Mt 24). São textos que nos remetem a uma vinda eminente, no entanto, o tempo passou e ainda não chegou esse dia tremendo, mas devemos estar sempre prontos para dar razão à esperança que alenta nosso peregrinar.

O que será esse juízo final? Segundo o catecismo é o encontro definitivo e particular com Jesus (cf. CIgC, 1021). Esse encontro dá-se em um processo de purificação, seja na busca do Senhor, seja mergulhado nele de forma consciente. Para ilustrar isso recorro a duas parábolas de Mateus.

No capítulo 25, versículos de 1 a 13, encontramos a parábola das dez virgens. Cinco são prudentes porque na espera do noivo, que não marcou o dia da chegada, elas se preparam com suas lamparinas acesas e óleo em reserva. Outras cinco são imprudentes porque levaram apenas as lamparinas com óleo para uma noite. O noivo chega de forma abrupta e abre a porta para aquelas que estavam iluminadas pela luz. O que é a luz senão o próprio noivo que aquece e ilumina a vida de quem está animado pela esperança? Em Lucas, na catequese sobre os discípulos de

Emaús, encontramos uma expressão que diz: "Não nos ardia o coração quando pelo caminho nos falava e explicava as Escrituras?" (24,32). É essa a realidade do Senhor que vem. Quem não tem experiência da luz e a esconde debaixo da mesa e deixa que a chama se apague, fica como que cego. São João diz também que a luz veio ao mundo, mas muitos não a receberam (Jo 1,1-5). Portanto, é preciso vigiar com nossas velas acesas.

A segunda parábola é a dos talentos, e a encontramos no capítulo 25, versículos de 14 a 30 de Mateus. Um senhor poderoso resolveu viajar e recomendou sua fortuna a três escravos. A um deu cinco talentos, a outro deu dois e ao terceiro um. Esse último cavou um buraco, como fazem alguns animais, e escondeu o talento recebido. Os outros foram investir e fizeram crescer o que receberam. No retorno inesperado o patrão chama os escravos para que prestem contas. O que tinha recebido cinco entregou mais cinco e foi convidado ao banquete. O mesmo aconteceu com o segundo que devolveu mais dois talentos. O terceiro teve apenas o trabalho de cavar e entregar o que estava enterrado, foi enviado à escuridão. Também aqui há um chamado a estar vigilante. A não ter medo de dar razão da esperança e das oportunidades recebidas. Quem esconde sua vela debaixo da mesa ou enterra os dons recebidos receberá na mesma medida, pois não conseguiu entender a profundidade, a largueza e a altura do amor de Cristo, que nos chama a partilhar de sua vida em plenitude.

O que seria, então, o juízo final? Acredito que seja a prestação de contas de nossos dons. Ele nos perguntará o que fizemos com o que nos foi dado. Ele teve sede e fome, esteve enfermo e nu, e como tocamos em sua carne? Melhor ainda, como nos fizemos próximos de quem estava necessitado? (Mt 25,31-45). Usamos dos dons recebidos para socorrer quem estava à margem, ou nos enterramos em nosso egoísmo autodestruidor? Um dia, o Senhor nos pedirá contas sim, embora não sabemos como será, onde será e quando será. Por isso, precisamos estar vigilantes. Se sua vinda será tremenda e abalará o cosmo, não sabemos, mas ele retornará dessa grande viagem para nos recolher na mesma ceifa do juízo. Contudo, não podemos na catequese falar desse juízo como algo terrível e condenatório, mas como algo que nos coloca na perspectiva da ressurreição, porque a festa é exatamente o estar face a face com o Senhor que amamos.

*a) O purgatório*

Quando pensamos no purgatório acreditamos que seja uma passagem após a morte. Um tempo de purificação, cuja doutrina encontramos no Concílio de Florença e de Trento (cf. CIgC, 1030s). Contudo, essa doutrina, formulada em uma época em que se imagina um lugar físico, parece um tanto complicada entender, à luz da misericórdia de Deus. Nesse sentido, os ensinamentos místicos de Santa Catarina de Gênova (1447), em plena Idade Média, ajuda-nos a compreender o purgatório, não como um lugar no espaço, mas uma condição terrena, na qual, movidos pelo amor de Deus e pela sua distância, há um fogo que nos purifica interiormente até nos aproximar do amor misericordioso de Deus. Bento XVI, em uma brilhante catequese sobre a santa, ajuda-nos a entender essa doutrina.

É importante observar que, na sua experiência mística, Catarina jamais tem revelações específicas sobre o purgatório ou sobre as almas que ali estão a purificar-se. Todavia, nos escritos inspirados pela nossa santa, é um elemento central, e o modo de descrevê-lo tem características originais em relação à sua época. O primeiro traço original diz respeito ao "lugar" da purificação das almas. No seu tempo, ele era representado principalmente com o recurso a imagens ligadas ao espaço: pensava-se em certo espaço, onde se encontraria o purgatório. Em Catarina, ao contrário, o purgatório não é apresentado como um elemento da paisagem das vísceras da terra: é um fogo não exterior, mas interior. Este é o purgatório, um fogo interior. A santa fala do caminho de purificação da alma, rumo à plena comunhão com Deus, a partir da própria experiência de profunda dor pelos pecados cometidos, em relação ao amor infinito de Deus (cf. Vida admirável, 171v). Ouvimos sobre o momento da conversão, quando Catarina sente repentinamente a bondade de Deus, a distância infinita da própria vida desta bondade e um fogo ardente no interior de si mesma. E este é o fogo que purifica, é o fogo interior do purgatório. Também aqui há um traço original em relação ao pensamento do tempo. Com efeito, não se começa a partir do além para narrar os tormentos do purgatório – como era habitual naquela época e talvez ainda hoje – e depois indicar o caminho para a purificação ou a conversão, mas a nossa santa começa a partir da própria experiência interior da sua vida a caminho da eternidade. A alma – diz Catarina – apresenta-se a Deus ainda vinculada aos desejos e à pena que derivam do pecado, e isto torna-lhe impossível regozijar com a visão beatífica de Deus. Catarina afirma que Deus é tão puro e santo que a alma com as manchas do pecado não pode encontrar-se na presença da majestade divina (cf. Vida admirável, 177r). E também nós sentimos como estamos distantes, como estamos repletos

> de tantas coisas, a ponto de não podermos ver Deus. A alma está consciente do imenso amor e da justiça perfeita de Deus e, por conseguinte, sofre por não ter correspondido de modo correto e perfeito a tal amor, e precisamente o amor a Deus torna-se chama, é o próprio amor que a purifica das suas escórias de pecado (Bento XVI, 2011-a).

Essa doutrina, que foi assimilada pela Igreja, permite-nos ponderar que o purgatório, mais que um lugar de purificação, é uma situação atual que nos faz buscar a graça de Deus, e a chama do amor nos queima por dentro, como aquela luz das cinco virgens prudentes que permanece acesa até a chegada do noivo, ou seja, Jesus Cristo. O encontro com Ele purifica-nos e nos liberta do pecado. "Seu olhar, o toque de seu coração cura-nos, por meio de uma transformação certamente dolorosa *como pelo fogo*. Contudo, é uma dor feliz. A dor do amor torna-se nossa salvação e nossa alegria" (ESS, 47). O juízo final pode também ser entendido a partir desse encontro.

Não quero negar a doutrina do purgatório, mas abrir uma porta para entrar uma nova luz, que nos faz muito mais próximo de Deus, nesta vida passageira na perspectiva da vida eterna, onde chegaremos transformados e purificados. Nossa oração pelos defuntos, portanto, tem sentido na medida em que pedimos que eles cheguem a esse encontro definitivo com Deus, pois nossos pecados podem ser purificados aqui e no futuro.

## b) O inferno

A perda do sentido do pecado obscurece a responsabilidade humana em relação ao seu destino definitivo, a escolha do bem ou do mal. Há, na devoção popular, um sentido de pecado que é problemático. De um lado se pensa que tudo seja pecado, e de outro, nada é mais pecado. São questões de polaridade.

Pecado é, ensina o catecismo, "uma falta contra a razão, a verdade, a consciência reta; é uma falta ao amor verdadeiro para com Deus e para com o próximo. O pecado é ofensa a Deus. Ele ergue-se contra o amor de Deus por nós e desvia dele os nossos corações. Uma desobediência e uma revolta contra Deus" (CIgC, 1849s).[3] A catequese precisa rever esse conceito de pecado e não ensinar a fazer lista de pecados (cf. M. Filho, 2016, p. 21-28). O importante é mostrar o que significa o amor a Deus que se realiza na medida em que aprendemos a amar o irmão a tal ponto de evitar o mal contra ele.

Por conseguinte, o inferno é essa capacidade de pecar contra Deus e contra o próximo. Trata-se da autoexclusão de amar a Deus e de viver em comunhão com ele (cf. CIgC, 1033). Descer ao inferno é não comungar com Deus. Há, no entanto, uma imagem medieval do inferno como tormento e diabos espetando as almas, isso é uma fantasia. Na verdade, o descer ao inferno significa a "separação eterna de

---

[3] Pecado mortal é de matéria grave porque se realiza na plena liberdade e consentimento, destrói a caridade e nos desvia de Deus; o pecado venial não rompe com a caridade, embora fira o núcleo espiritual da pessoa (cf. CIgC, 1855-1864). Há uma lista de pecados no Catecismo que podem ser explorados: ato sexual fora do matrimônio (n. 2390); blasfêmia contra o Espírito Santo (n. 1864), blasfêmia (n. 2148), homicídio (n. 2268), inveja (n. 2359), ira, (n. 2302), maldade (n. 1860), mentira (n. 2884), ódio (n. 2303), sacrilégio (n. 2120) etc. Poderíamos dizer que a corrupção é também um pecado grave.

Deus" (CIgC, 1035), o mergulho na escuridão, sem a lamparina acesa, ficando, portanto, fora da festa definitiva de Deus. O inferno é não poder contemplar Deus face a face, nosso destino último e felicidade eterna. Porém, não se trata de lugar reservado e preparado por Deus, creio eu, mas a irresponsabilidade humana que opta pela escuridão eterna sem óleo, talentos e lamparina, nesse peregrinar rumo ao encontro definitivo com Deus.

*c) O céu*

Interessante que não encontrei no Catecismo uma reflexão sobre o céu, paraíso, como encontrei sobre o inferno. O que seria o céu? Tive a alegria de ouvir dom Luciano Mendes de Almeida em uma conferência no Congresso Eucarístico de Florianópolis. Em certo momento ele nos falou sobre o céu. Ele vivia muito preocupado com o que seria a realidade do céu. Também dom Bosco tinha essa inquietação. Tanto é que ele dizia que há um lugar salesiano no céu. Quando estava morrendo mandou dizer aos jovens: "Eu os espero todos no paraíso". Dizia ainda que um pedaço de paraíso compensava todos os sofrimentos. O importante nessa reflexão é que há no ser humano o desejo do eterno, da felicidade ou da parúsia. Esperamos neste bem futuro. Não como um lugar físico e geográfico com calendário e a escravidão do tempo, mas como a contemplação do que aqui vimos, ouvimos, contemplamos e tocamos, o Senhor da vida (1Jo 1,1-4).

Pois bem. Voltemos a dom Luciano. Na ocasião ele nos dizia que, pensando sobre o céu, um dia sonhou. No sonho ele via um lugar muito bonito, as pessoas confraternizando alegres, uma grande harmonia. Porém, ele estava atrás de uma árvore e observava todos. Quando percebeu que não estava no meio daquelas pessoas ficou assustado e acordou. Ao acordar ficou preocupado e pensou: "Meu Deus, não irei para o céu". Contudo, depois de passar o susto, ele começou a pensar e chegou a esta conclusão: o céu é ver as pessoas felizes, portanto, fazer o bem ao próximo e vê-lo realizado. Moral do sonho: o céu é ver os outros felizes. Pessoalmente, gostei muito dessa explicação. Se o inferno é a negação da felicidade porque se negou a Deus, o céu é a afirmação da felicidade porque se aceitou e se buscou ser próximo do outro. Isso sim é felicidade e céu. A felicidade do céu é a contemplação do amor visível de Deus que preenche nossa real necessidade de vida plena, por isso a Igreja é "comunhão de santos" (CIgC, 955) e toda a criação geme em dores de parto para o dia desse encontro (Rm 8,19-25). Somente nessa ponte entre o amor a Deus e ao próximo é possível estabelecer o céu como plenitude de caridade. Quando se rompe essa ponte, então, cria-se o inferno. Portanto, o purgatório queima por dentro todos os obstáculos para criar essa ponte.

### 6.3. Terceira parte: Como podemos encontrar Jesus nosso Salvador?

As pessoas tinham os olhos "fixos em Jesus" (Lc 4,29b). Essa experiência da comunidade de Lucas é muito significativa para todos nós que buscamos encontrar o Senhor no cotidiano da vida. Também nos Evangelhos há vários encontros que marcaram as pessoas e as comunidades. O encontro de Simeão (Lc 5,8-11); o encontro com

Nicodemos (Jo 3,1-21); o encontro com a Samaritana (Jo 4,4-42); o encontro com a mulher adúltera (Jo 8,1-11); o encontro com os primeiros discípulos (Mt 4,18-22; Mc 1,16-20); encontro com o oficial romano (Mt 8,5-17); encontro com Mateus (Mt 9,9-13); encontro com Zaqueu (Lc 19,1-9). São tantos, inclusive o encontro com o próprio Paulo de Tarso (At 9,1-19). Nem comento aqui as revelações místicas que santos e santas, ao longo da história, tiveram com Deus. O próprio dom Bosco, meu fundador, sonhou, quando pequeno, e viu um Senhor majestoso que falava com ele e ainda lhe apresentou sua mãe, a Virgem Maria (cf. M. Filho, 2014, p. 15). Esses encontros foram decisivos para todas essas pessoas no caminho para o céu.

E, hoje, como podemos encontrar Jesus? A pergunta é pertinente. O documento de *Aparecida* nos ajuda a entender que "a experiência de um Deus uno e trino, que é unidade e comunhão inseparável, permite-nos superar o egoísmo para nos encontrarmos plenamente no serviço para com o outro" (DAp, 240). Ser discípulo missionário não é uma decisão ideológica, mas a verdade de um encontro. Isso faz toda a diferença na vida cristã. A Igreja é mediadora, na comunhão das pessoas, desse encontro com Jesus (cf. DAp, 243.246). Nela, nós passamos a experimentar a fé e a servir aos outros, como bem ensinou o emérito papa Bento XVI, "A existência cristã consiste em um contínuo subir ao monte do encontro com Deus e depois voltar a descer, trazendo o amor e a força que daí derivam, para servir os nossos irmãos e irmãs com o próprio amor de Deus" (Bento XVI, 2013).

Então, o encontro com Jesus Cristo acontece nas *Sagradas Escrituras*, cuja inspiração vem do Espírito Santo, mas nasce dentro das experiências do povo que colhe na Escritura a Palavra de Deus, que se dá a conhecer e se revela plenamente em Jesus Cristo (cf. VD, 611s). Por isso é tão importante que o povo tenha contato com a Palavra, leia, medite e pratique, pois ela é pão, alimento de vida (cf. DAp, 248s).

É também na *Sagrada Liturgia* que encontramos o Senhor vivo e verdadeiro. Quando celebramos nossa fé na comunhão da comunidade. Contudo, é na *Eucaristia* o lugar mais privilegiado desse encontro com o pão da vida, pois é o mistério pascal por excelência (cf. DAp, 250s) que nos faz comunidade. Eis, então, a necessidade de recuperar o sentido do domingo como o dia do Senhor.

O Senhor Jesus se deixa encontrar no sacramento da reconciliação como sinal da misericórdia do Pai. Ali ele nos ajuda a entender que o pecado não pode ser a marca de uma culpa, mas a experiência do amor que liberta. Também, na oração pessoal e comunitária (cf. DAp 254s), o cristão experimenta aquela presença de Deus que fortalece o peregrinar rumo ao Reino definitivo.

O encontro com Jesus acontece, também de forma muito especial, quando tocamos na carne dos irmãos que sofrem, os pobres e aflitos (cf. DAp, 257). Uma Igreja de samaritanos que se faz próxima do mais necessitado; dom de proximidade, como bem insiste o papa Francisco.

Para tanto, é preciso vencer a doença da indiferença que nega o outro e nos deixa insensíveis aos problemas reais do ser humano. Sobre isso insistiu, bravamente, Francisco na mensagem para o Dia Mundial da Paz:

Não há dúvida de que o comportamento do indivíduo indiferente, de quem fecha o coração desinteressando-se dos outros, de quem fecha os olhos para não ver o que sucede ao seu redor ou se esquiva para não ser abalroado pelos problemas alheios, caracteriza uma tipologia humana bastante difundida e presente em cada época da história; mas, hoje em dia, superou decididamente o âmbito individual para assumir uma dimensão global, gerando o fenômeno da "globalização da indiferença".

A primeira forma de indiferença na sociedade humana é a indiferença para com Deus, da qual deriva também a indiferença para com o próximo e a criação. Trata-se de um dos graves efeitos de um falso humanismo e do materialismo prático, combinados com um pensamento relativista e niilista.

A indiferença para com o próximo assume diferentes fisionomias. Há quem esteja bem informado, ouça o rádio, leia os jornais ou veja programas de televisão, mas fá-lo de maneira entorpecida, quase em uma condição de rendição: estas pessoas conhecem vagamente os dramas que afligem a humanidade, mas não se sentem envolvidas, não vivem a compaixão. Este é o comportamento de quem sabe, mas mantém o olhar, o pensamento e a ação voltados para si mesmo.

Em outros casos, a indiferença manifesta-se como falta de atenção à realidade circundante, especialmente a mais distante. Algumas pessoas preferem não indagar, não se informar e vivem o seu bem-estar e o seu conforto, surdas ao grito de angústia da humanidade sofredora. Quase sem nos dar conta, tornamo-nos incapazes de sentir compaixão pelos outros, pelos seus dramas; não nos interessa ocupar-nos deles, como se aquilo que lhes sucede fosse responsabilidade alheia, que não nos compete (Papa Francisco, 2016).

Viver a realidade presente no dinamismo da esperança é, exatamente, o drama do mundo contemporâneo líquido que parece esquecer que não fomos feitos para a morte, mas para a eternidade, por conseguinte, pensar na escatologia cristã é considerar que "ninguém vive só. Ninguém peca sozinho. Ninguém se salva sozinho. Como cristãos, não basta nos perguntarmos: como posso salvar-me a mim mesmo? Deveremos antes perguntar-nos: o que posso fazer a fim de que os outros sejam salvos e nasça também para eles a estrela da esperança? Então terei feito também o máximo pela minha salvação pessoal" (cf. ESS, 48).

É fato, disso não podemos esquecer, que também encontramos o Senhor Jesus *na Igreja*, mas a Igreja não é uma estrutura hierárquica apenas, nem um grupo de pessoas piedosas, muito menos uma ONG. A Igreja muito bem define o Concílio Vaticano II, "é em Cristo como que um Sacramento" (LG, 1), que nos une a todos em um único povo, o Povo de Deus. Ela é sinal do Reino de Deus que se espalha pelo mundo como testemunha da missão salvadora de Jesus. Temos, então, a realidade de uma Igreja que é peregrina nesta terra, que vai se purificando enquanto celebra, testemunha, vivencia, compreende e comunica a fé recebida, tanto pessoal como comunitária. Porém, é na comunidade cristã que o indivíduo aprofunda o dom da fé recebido no Batismo. E, assim, abre o coração para a realidade salvífica que aponta para a parúsia.

Nesse grande *Corpo Místico* da Igreja (cf. LG, 7),[4] encontramos os vários carismas e ministérios – ordenados e

---

[4] Cf. DAp, 164-171: Há, certamente, lugares de concreta comunhão eclesial: a diocese como igreja particular, a paróquia como comunidade de comunidades, os grupos, pastorais e movimentos, Cebs, nos quais experimentamos o viver em comunhão e participação.

não ordenados – que são suscitados pelo Espírito Santo para o bem desse povo que caminha (cf. DAp, 162). Consequentemente, não estamos sozinhos, mas formamos uma grande comunidade de fé que cresce, não "por proselitismo, mas por atração". Esta Igreja peregrina "vive antecipadamente a beleza do amor que se realizará no final dos tempos na perfeita comunhão com Deus e com os homens. Sua riqueza consiste em viver, já neste tempo, a comunhão dos santos, ou seja, a comunhão nos bens divinos entre todos os membros da Igreja" (DAp, 159.160).

## 7. O Pai-nosso como adesão à vontade do Pai

Jesus em tudo quis sempre realizar a vontade do Pai. Desde os doze anos ele permanece no Templo, na escuta atenta do estudo e oração da Palavra (Lc 2,49). Quando ressuscita Lázaro, Jesus também manifesta sua confiança na vontade do Pai (Jo 11,41). Por fim, no Horto das Oliveiras, ele reza ao Pai em uma entrega total e confiante a sua vontade (Jo 17,1-26). Na cruz, ele grita: "Pai, em tuas mãos entrego meu espírito". Essa prática confiante de oração chamou a atenção dos discípulos a tal ponto de pedirem que ele os ensinassem a fazer o mesmo (Lc 11,1-3). A Igreja, desde os inícios, assimilou essa oração do Pai-nosso, na qual se pede, sobretudo, que a vontade de Deus seja feita à medida que o Reinado de Deus aconteça em nós. Disso, desdobram-se louvores e reconhecimentos:

– Santificado seja o vosso nome: que o nome de Deus – Pai – seja santificado por nós;

– Que o Reino de Deus aconteça, ou seja, a presença de Deus e seus efeitos sejam a força interior de nossas ações;
– A vontade de Deus se realize sempre;
– Que o Pão seja partilhado, sobretudo com os mais pobres. O Pão da vida e da comunhão, o Pão da Palavra e da Eucaristia;
– Que o perdão aconteça a partir do amor ao próximo que fundamenta o amor a Deus;
– Que saibamos vencer as tentações, independentemente de quais sejam, pois a vida cristã não está isenta das tentações. Que saibamos vencer o mal pela força do bem;
– Que saibamos vencer o demônio – mal – que se personifica na rejeição, sobretudo à vontade de Deus.

O Pai-nosso é, então, a oração que nos ajuda a mergulhar no Mistério do Reino de Deus. Ao rezar essa oração percebemos o quanto Jesus foi confiante na ação do Pai. O quanto ele foi generoso na plena gratuidade do Pai. Rezar o Pai-nosso é muito mais que pronunciar uma fórmula. Trata-se de reconhecer que nossa vida passa pelas mãos criadoras do Pai, que sopra em nossas narinas e continua a fazer de nós novas criaturas na vida e na morte.

**8. Os sacramentos como sinais visíveis da salvação**

A Igreja professa que os sete sinais da salvação foram instituídos por Jesus em ordem à Salvação, pois os sacramentos preenchem toda a nossa realidade desde a concepção até a morte. Temos três sacramentos que iniciam a pessoa na vivência cristã: Batismo, Confirmação e Eucaristia, cujo ideal é serem recebidos após um processo catecumenal durante a Vigília Pascal; dois são sacramentos de cura: Reconciliação e Unção dos Enfermos e dois a serviço da vida e da missão: Ordem e Matrimônio (cf. CIgC, passim). Assim formamos o Povo de Deus, que tem Cristo como cabeça, e vivenciamos a "comunhão de vida, caridade e verdade, enviado ao mundo inteiro como luz e sal da terra" (LG, 9; Mt 5,13-16).

## 8.1. Os três sacramentos da Iniciação

### a) O Batismo

O Batismo é a radical novidade da vida cristã. É o sacramento da fé. Com ele fazemos a experiência do novo nascimento, uma verdadeira regeneração (1Pd 1,3-4), somos filhos de Deus, como bem disse Jesus a Nicodemos, que o procurou na madrugada: "Em verdade, em verdade te digo: quem não nascer da água e do Espírito não pode entrar no Reino de Deus" (Jo 3,5).

O Espírito Santo constitui a pessoa em filho de Deus e membro do Corpo de Cristo, que é a Igreja (1Cor 12,13.27; Gl 4,6; Rm 8,15-16). Trata-se, pois, de uma incorporação mística no Corpo de Cristo. No Batismo, Jesus une o cristão a sua morte e ressurreição (Rm 6,3-5), despojando-o do velho homem (Gl 3,27; Ef 4,22-24; Cl 3,9-10). Somos assim um só corpo em Jesus Cristo, ungidos por Ele (cf. Grün, 2006, p. 23).

Mais ainda: em Jesus somos uma morada espiritual, Templo vivo onde ele mora (1Pd 2,4ss). O Espírito Santo unge o batizado e o marca para sempre, fazendo-o Templo espiritual, repleto da presença de Deus (2Cor 1,21-22).

Dessa maneira, o cristão torna-se participante da mesma missão de Jesus: o Messias Salvador.

Assim sendo, o cristão participa da mesma missão profética, sacerdotal e real de Jesus (cf. GRÜN, 2006, p. 25). Sacerdotal, porque se une a cruz do Senhor no sacrifício eucarístico, na oferta de si e de todas as suas atividades (Rm 12,1-2). Participa do profetismo de Cristo na medida em que testemunha com a vida e a palavra o anúncio e a denúncia do mal no mundo. Como realidade real é um combatente espiritual para vencer o pecado (Rm 6,12), mediante o dom de si e a prática da justiça, da animação e do serviço na Igreja.

Por isso, o catecúmeno é ungido no peito com o óleo que lhe dá a força salvadora de Deus e com o óleo do crisma, na fronte, para que o Espírito o transforme em Templo vivo do Senhor. Com essa entrada solene na vida da Igreja, o neófito – novo cristão – mergulha na santidade de Deus (Rm 6,22; Gl 5,22), torna-se discípulo missionário de Jesus na ativa participação da vida eclesial.

*b) A Confirmação*

É na Confirmação, o desdobramento do Batismo, que o cristão continua seu amadurecimento na fé. Com a unção do Espírito, na vida madura, porque muitos são batizados quando crianças, o cristão se enriquece com os dons da Sabedoria, Entendimento, Ciência, Conselho, Fortaleza, Piedade e Temor de Deus.

Assim ungido, o cristão se habilita a viver no mundo como sal, luz e fermento, dando sabor à vida e não deixando que ela apodreça. Torna-se também fermento na grande massa dos homens e mulheres, para fazer fermentar a vida nova de Cristo, sendo luz do mundo. Nessa nova realidade, o cristão precisa viver a vida como vocação, ou seja, como serviço aos outros. A Igreja é assim um mosaico de possibilidades de ação, de caminhos de seguimento. Ninguém está neste mundo por acaso, mas para uma missão; portanto, o "cristão não pode nunca fechar-se em si mesmo, isolando-se espiritualmente da comunidade, mas deve viver em um contínuo intercâmbio com os outros, com um vivo sentido de fraternidade, na alegria de uma igual dignidade e no empenho em fazer frutificar, ao mesmo tempo, o imenso tesouro recebido em herança" (CL, 10).

O Espírito Santo, então, distribui diversos carismas, ministérios e funções para a edificação do mundo e da Igreja. Cada cristão deve saber descobrir e responder, generosamente, ao chamado do Senhor. Nesse sentido, temos ministérios derivados do sacramento da Ordem, no qual o Senhor chama homens para participar de sua missão apostólica (diáconos, presbíteros e bispos), a serviço de seu povo. Por sua vez, os leigos, filhos pelo batismo, recebem também carismas para serem exercidos na laicidade, como consagrados ou como cristãos no mundo. Os serviços são muitos. Mas é no sacramento do Matrimônio que muitos homens e mulheres são chamados a constituir famílias cristãs, fundamentadas no amor conjugal.

A paróquia e as comunidades cristãs formam a casa comum do povo. Uma rede de comunidades que acolhe todos. É muito difícil viver neste mundo sem referência a uma comunidade concreta. Por conseguinte, o cristão crismado é um agente da evangelização, maduro na fé, que celebra, experimenta, aprofunda, anuncia e testemunha o dom recebido como missão.

Por fim, é fundamental para uma vida cristã madura a comunhão entre todos os agentes da evangelização, porque a Igreja é um só corpo e sabe valorizar os dons de cada, porque o Espírito é o mesmo.

*c) A Eucaristia*

A Eucaristia é o pão partilhado para a vida do mundo. É dom gratuito de Deus (Jo 10,10). Nesse sentido, a mesa de Jesus é sinal de igualdade (1Cor 3,11). Quem comunga não pode ficar inerte e sem compromisso. A Eucaristia nos faz tocar, ver e entrar em comunhão com Jesus. Não é possível ver Jesus e ficar parado apenas adorando. Trata-se de um sinal visível da presença de Deus e não mero símbolo. Santo Tomás de Aquino ensinava que o sacramento tem três dimensões: rememorativa, recorda o que aconteceu; demonstrativa, mostra o que realiza; e prognostica, anuncia o futuro. Apresento brevemente este esquema em relação à eucaristia, mas pode ser aplicado a todos os sacramentos:

1. Sinal rememorativo: o que aconteceu naquela páscoa? Em 1Cor 11,23ss São Paulo faz uma memória dos fatos acontecidos na última Ceia. Jesus pegou o pão e disse: ISTO É O MEU CORPO, TOMAM E COMAM. Depois pegou o cálice com vinho e disse: ISTO É O MEU SANGUE, BEBAM. A ceia eucarística é isto. Memória daquele fato histórico.

2. Sinal demonstrativo: aquele que preside faz a grande oração e eleva ao Pai a oferta que, ao mesmo tempo, é

oferente e oferta, Jesus Cristo. A Igreja torna presente esta oferta em dois momentos, chamados epicleses – invocação. Em primeiro lugar o presidente da celebração invoca o Espírito Santo sobre as ofertas e depois invoca o Espírito sobre a Assembleia. Infelizmente, essa segunda epiclese ficou obscurecida, porque a Ceia caiu em um devocionismo, sem comunhão. Não conseguimos entender que somos também oferta e que essa realidade se torna plenamente visível na comunhão. Quando a Assembleia é despedida no final da missa significa que ela continuará sendo aquilo que vivenciou, sinal do Cristo, alimento para a vida do mundo.

3. Sinal prognóstico: Quando a Assembleia responde TODAS AS VEZES QUE COMEMOS DESTE PÃO E BEBEMOS DESTE CÁLICE, ANUNCIAMOS, SENHOR, A VOSSA MORTE ENQUANTO ESPERAMOS VOSSA VINDA (1Cor 11,26), ela se projeta para o futuro. Torna-se reconciliada e reconciliadora, portanto, evangelizadora dos bens futuros. O dom oferecido não acaba ali na comunhão, mas se transforma em dom para os outros. O cristão é luz no mundo, eucaristia no mundo, alimento para um mundo faminto de Deus.

***8.2. Os sacramentos de cura: Reconciliação e Unção dos enfermos***

Papa Francisco, ao convocar um Jubileu Extraordinário da Misericórdia, chamou-nos a atenção para o rosto de Jesus, que revela a misericórdia do Pai (CL, 1s). São João Paulo II ensinou também, em uma bela encíclica, essa realidade intrínseca e Trinitária.

> Em Cristo e por Cristo, Deus com a sua misericórdia torna-se também particularmente visível; isto é, põe-se em evidência o atributo da divindade, que já o Antigo Testamento, servindo-se de diversos conceitos e termos, tinha chamado "misericórdia". Cristo confere a toda a tradição do Antigo Testamento quanto à misericórdia divina sentido definitivo. Não somente fala dela e a explica com o uso de comparações e parábolas, mas sobretudo Ele próprio encarna-a e personifica-a. Ele próprio é, em certo sentido, a misericórdia. Para quem a vê n›Ele – e n›Ele a encontra – Deus torna-se particularmente "visível" como Pai "rico em misericórdia (DM, 2).

A misericórdia é assim, sentimento e gesto, pois "o Senhor revelou a sua misericórdia, tanto nas obras como nas palavras" (DM, 4). É, portanto, sentimento porque revela, de forma concreta, o amor de Deus por nós na encarnação do Verbo. E é também gesto, porque o Senhor veio ao encontro das pessoas e as tocou, manifestando sua bondade e ternura, sobretudo para com os pobres. Francisco deixa claro que, diante da "gravidade do pecado, Deus responde com a plenitude do perdão" (DM, 3). A misericórdia é, assim, a arte de reconhecer, de se perdoar e saber perdoar. A política do perdão vem de dentro para fora. Exatamente como Jesus disse: "O que torna alguém impuro não é o que entra pela boca, mas o que sai da boca, isso é que o torna impuro" (Mt 15,11).

Essa reflexão entende que a ação catequética é um processo formativo para essa política do saber perdoar. Acredito que precisamos urgentemente resgatar o sentido do pecado, para libertar as pessoas do peso de consciência, do complexo de culpa e do medo de se perdoar. Há mais remorso que alegria, mais culpa que aceitação de si mesmo, mais escravidão que liberdade. Como bem disse papa Francisco: "Não tenhamos medo de rever as normas ou preceitos eclesiais que podem ter sido muito eficazes em outras épocas, mas já não têm a mesma força educativa como canais de vida" (EG, 43). Desejo assim contribuir nesse Jubileu com a reflexão da leveza do perdão, que orienta a pessoa a se libertar do peso do pecado e que ajude a passar da Quaresma à Páscoa.

*a) Saber lembrar*

Quando era menino, pelos nove anos, frequentava a catequese paroquial. O catequista era um padre. Certo dia, ele iniciou a catequese com uma orientação que me chocou. Ele disse: "Olhem meninos, cuidado com o pecado. Deus tem um livro lá no céu. Quando vocês morrerem e chegarem ao juízo, Deus vai abrir o livro e procurar as anotações sobre vocês. Todos os pecados cometidos estarão registrados. Assim todos nós seremos julgados". Eu pensei: "Bom, se é assim, por que a catequese, a comunhão, o esforço para melhorar? Se Deus não esquece e ainda escreve tudo, então é melhor seguir a vida sem Ele! Nunca mais voltei à catequese, nem à comunidade. Eu não queria buscar um Deus que não sabia perdoar.

É óbvio que a lembrança dos atos passados não é ruim porque o primeiro lugar de reconciliação é com minha história pessoal (cf. Grün, 2005, p. 36). É também a tarefa mais difícil. Há "pessoas que passam toda a vida queixando-se e rebelando-se contra seu destino. Sentem-se a vida inteira como vítimas" (cf. Grün, 2005, p. 35). Mas não deveria ser assim. Na medida em que lembramos nossos atos teremos a capacidade de rever nossas ações para atualizar, ressignificar e potencializar o que fazemos hoje e projetar o futuro sem culpa (cf. S. Aparecida, 2014, p. 30). O grave problema é a culpa. Ela não forma para a revisão de vida, mas para a anulação da pessoa.

> Precisamos aceitar que em nós não existe apenas amor, mas também ódio; que apesar de todas as aspirações religiosas e morais, também possuímos tendências assassinas, traços sadistas e masoquistas, agressividade, ira, ciúme, sentimentos depressivos, medo e covardia. Em nosso interior não existem apenas anseios espirituais, mas também áreas onde Deus não habita. Aquele que não enfrenta a própria sombra acaba por projetá-la inconscientemente no outro. Isto requer humildade, coragem de descer do pedestal da imagem idealizada, de curvar-se à sujeira da própria realidade (Grün, 2005, p. 41).

Tudo isso somente será possível na humildade e não com a marca da culpa. Reconciliar-se com o próprio corpo, lugar do encontro, senão fugiremos dele com medo de ser nele pessoa e perdão. O complexo de culpa é traumatizante e dolorido. É moralmente danoso ao agir humano. Chega até a influenciar a ética – valores – porque cria uma consciência cínica que obscurece as normas. A pessoa que não se aceita plenamente sabe o que não pode fazer e faz, sabe que pode fazer o bem e não faz, sabe o que quer e não busca realizar. Gera a imoralidade. Por isso o ser humano "precisa do perdão de Deus para libertar-se da culpa que o paralisa e bloqueia. O perdão significa que Deus deixou o pecado para trás" (Is 38,17) (Grün, 2005, p. 11). Então, quando lembro dos pecados não é para carregar a culpa, mas para experimentar a grandeza do perdão, que tudo cura e transforma.

Lembrar dos pecados é uma política do saber perdoar, porque educa na fé e reforça a ética, ou seja, o núcleo espiritual do agir humano que norteia a vida.[5] Portanto, educar na fé para lembrar do pecado é comprometer a pessoa com o outro. Somente com a capacidade de lembrar o que se faz de mal com o objetivo de se superar é que a pessoa compreenderá a misericórdia de Deus e saberá perdoar as ofensas, como pedimos tantas vezes no Pai-nosso: "Perdoa nossas ofensas como nós perdoamos a quem nos ofendeu".

*b) Saber esquecer*

Depois que comecei a frequentar novamente a comunidade cristã e a catequese, aos 15 anos de idade, em uma experiência rica de formação na fé com uma religiosa, comecei, então, a esquecer, de forma sadia, meu rancor contra Deus e a me perdoar. É preciso saber se perdoar para entender a misericórdia divina que esquece os males, senão jamais faremos a experiência do perdão.

Nesse sentido, a parábola dos "dois irmãos"[6] (Lc 15,11-32) pode nos ajudar a entender, com melhor precisão, a ati-

---

[5] Cf. S. Aparecida. 2014, p. 30. O conceito de Núcleo, "alma da alma" é próprio de Edith Stein. Para ela, filósofa, o núcleo é o "centro da alma que distingue o ser humano. O que determina a dimensão mais profunda das potências, atos e hábitos" (p. 92).
[6] Cf. Bento XVI, 2007, p. 179-180. Essa parábola é mais conhecida como a "parábola do filho pródigo" como também a do "do Pai bondoso". Contudo, devido ao contexto da mesma, na figura dos dois irmãos, desde o Antigo Testamento com Caim e Abel, passando por Esaú e Jacó, domina a dialética com a figura de dois. Em Mateus 21,28-32, aparece outra parábola que envolve dois irmãos, o obediente e o desobediente. No caso de Lucas, Jesus narra a parábola para dois grupos: os publicanos e pecadores, os fariseus e os escribas. São grupos contrários a eles. A parábola dos "dois irmãos" surge como resposta a esses grupos.

tude do filho mais novo que, depois de gastar tudo o que tinha e passar fome, lembra da figura paterna e retorna; a atitude do filho mais velho que acusa o irmão mais novo e não perdoa; do pai que escuta a confissão do filho que retorna, perdoa-o, e faz festa. Jesus responde assim aos publicanos e pecadores, aos fariseus e escribas, homens que o rejeitavam, mas buscavam um sentido para crer.

O filho mais novo da parábola busca na liberdade saborear a vida até o extremo. Deixa tudo e sai de casa. Essa liberdade extrema acaba por escravizá-lo e ele acaba cuidando de porcos e comendo com eles. Bento XVI diz que "o homem que entende a liberdade como radical arbitrariedade da própria vontade e do próprio caminho vive na mentira, pois o homem, por essência, faz parte de um convívio, sua liberdade é uma liberdade compartilhada; por isso uma falsa autonomia conduz à escravidão" (Bento XVI, 2007, p. 181).

Quando o filho pródigo entra em si – lembrança – reconhece o pecado e que na casa do pai está a verdadeira liberdade, então, ele faz o processo de conversão e regressa. O pai, ao ver o filho que retorna, corre ao encontro e ouve atento sua confissão, cobre-o de beijos e entende seu caminho de conversão. Manda trazer a melhor veste porque ele havia perdido a graça da casa paterna – pecado. Devolve-lhe a dignidade com a sandália nova aos pés e o anel da aliança que se restaura de novo. Organiza a festa, banquete, onde a oferta e o oferente se apresentam como reconhecimento do amor misericordioso. O pai é aquele que não esquece o filho amado e sente compaixão, quer dizer, sente com ele a dor do pecado. O pai "prefere o remédio da misericórdia que o da severidade" (cf. MV, 4).

O filho mais velho regressa do trabalho e encontra o ambiente de festa. Fica zangado e não entende como o pai foi capaz de esquecer e perdoar os pecados daquele irmão que se fora, levando e gastando tudo em uma vida desregrada. O pai lembra ao filho que tudo o que é seu é também dele (Lc 15,31). A relação entre Jesus e o Pai também é assim (Jo 17,10). O pai fala ao coração do filho, que estava irritado com sua bondade, e joga na cara dele que nunca transgrediu nenhuma de suas leis. O pai recorda ao filho que viver na casa paterna é fundar uma relação de afeto e não jurídica, e que seu irmão havia entendido isso, por isso havia retornado (cf. Bento XVI, 2007, p. 184-187).

> A misericórdia apresentada por Cristo na parábola do "filho pródigo" tem a característica interior do amor, que no Novo Testamento é chamado "*ágape*". Este amor é capaz de debruçar-se sobre todos os filhos pródigos, sobre qualquer miséria humana e, especialmente, sobre toda miséria moral, sobre o pecado. Quando isto acontece, aquele que é objeto da misericórdia não se sente humilhado, mas como que reencontrado e "revalorizado". O pai manifesta-lhe alegria, antes de mais nada por ele ter sido "reencontrado" e, por ter "voltado à vida". Esta alegria indica um bem que não foi destruído: o filho, embora pródigo, não deixa de ser realmente filho de seu pai. Indica ainda um bem reencontrado: no caso do filho pródigo, o regresso à verdade sobre si próprio (cf. DM, 6).

Essa consideração, a partir da parábola, ajuda-nos a entender que o ato de esquecer é também aliviar o peso de nossas lembranças e nossos juízos. É desarrumar nossa mala de viagem; para dar um exemplo, retirar tudo aquilo que está demais e que pesa, para reorganizar o conteúdo de nossa história. Nesse caso, o filho mais novo foi capaz de fazer esse caminho e o mais velho não. Preferiu não esquecer nem reconhecer o caminho de conversão do irmão e deixou esmagadas, no fundo da mala, as coisas boas que ele trazia: amor, gratidão, flexibilidade, experiências, doação, alegria, humildade.

Jesus sabia esquecer o peso do pecado dos outros. Quando os fariseus e os escribas trouxeram a mulher pega em adultério, ele não se fixou no ato em si, não reforçou a acusação dos agressores, não condenou, mas buscou nas lembranças deles as próprias faltas que eles cometeram: "Quem não tiver pecado atire a primeira pedra" (Jo 8,1-11). Na sequência, ele se volta para a mulher e pergunta se alguém a havia condenado e ela responde que não. Jesus a levanta e diz: "Vai e não peques mais" (Jo 8,11). É a mesma atitude do pai bondoso. Ele escuta a confissão, reconhece o caminho de conversão e perdoa.

Com Zaqueu (Lc 19,1-10) é a mesma atitude. O pequeno Zaqueu se esconde em meio às folhas da árvore. Não quer ser visto. O pecado, desde o relato do Gênesis, leva-nos ao esconderijo, porém Deus vai ao encontro e pergunta: "Onde estás" (Gn 5,9). Jesus também vai ao encontro de Zaqueu, para embaixo da árvore e diz: "Desce depressa! Hoje eu devo ficar na tua casa" (Lc 19,5b). Entrar na casa é entrar na intimidade da pessoa. Assim recupera aquele homem e o engrandece, porque o perdão é grandeza.

Muitas vezes, não sabemos nos perdoar e reconhecer a grandeza de sermos perdoados, porque não conseguimos esquecer. Mesmo com repetidas confissões, continuamos presos à culpa, porque nossa relação com Deus é demasiada jurídica. Por isso, a formação catequética precisa favorecer experiências do perdão, pois, somente quem sente a misericórdia de Deus é capaz de uma verdadeira conversão.

> É por isso mesmo que a Igreja professa e proclama a conversão. A conversão a Deus consiste sempre na descoberta da sua misericórdia, isto é, do amor que é "paciente e benigno" (1Cor 13,4) como o é o Criador e Pai; amor ao qual "Deus e Pai de nosso Senhor Jesus Cristo" (2Cor 1,3) é fiel até às últimas consequências na história da Aliança com o homem, até à cruz, à morte e à ressurreição do seu Filho. A conversão a Deus é sempre fruto do retorno para junto deste Pai, "rico em misericórdia".
> O autêntico conhecimento do Deus da misericórdia, Deus do amor benigno, é a fonte constante e inexaurível de conversão, não somente como momentâneo ato interior, mas também como disposição permanente, como estado de espírito. Aqueles que assim chegam ao conhecimento de Deus, aqueles que assim o "veem", não podem viver de outro modo que não seja convertendo-se a Ele continuamente. Passam a viver in statu conversionis, em estado de conversão; e é este estado que constitui a característica mais profunda da peregrinação de todo homem sobre a terra in statu viatoris, em estado de peregrino. É evidente que a Igreja professa a misericórdia de Deus, revelada em Cristo crucificado e ressuscitado, não somente com as palavras do seu ensino, mas sobretudo com a pulsação mais profunda da vida de todo o Povo de Deus. Mediante este testemunho de vida, a Igreja cumpre a sua missão própria como Povo de Deus, missão que participa da própria missão messiânica de Cristo, e que, em certo sentido, a continua (DM, 13).

Isso significa educar no sentido ético – valores – e não no formal jurídico, que facilmente se transgride. Assim, a pessoa saberá viver muito melhor o sentido do pecado, não como uma carga que sufoca, mas com a possibilidade de lembrar e esquecer, sempre, na medida do amor misericordioso de Deus. Sobre isso, assim expressou o Papa na abertura da Porta Santa:

> E, todavia, a própria história do pecado só é compreensível à luz do amor que perdoa. O pecado só se entende sob esta luz. Se tudo permanecesse ligado ao pecado, seríamos os mais desesperados entre as criaturas. Mas não! A promessa da vitória do amor de Cristo encerra tudo na misericórdia do Pai. Sobre isto, não deixa qualquer dúvida a palavra de Deus que ouvimos. Diante de nós, temos a Virgem Imaculada como testemunha privilegiada desta promessa e do seu cumprimento.
> Também este Ano Extraordinário é dom de graça. Entrar por aquela Porta significa descobrir a profundidade da misericórdia do Pai, que a todos acolhe e vai pessoalmente ao encontro de cada um. É Ele que nos procura, é Ele que nos vem ao encontro. Neste Ano, deveremos crescer na convicção da misericórdia. Que grande injustiça fazemos a Deus e à sua graça, quando se afirma, em primeiro lugar, que os pecados são punidos pelo seu julgamento, sem antepor, diversamente, que são perdoados pela sua misericórdia (cf. Santo Agostinho, De praedestinatione sanctorum 12,24)! E assim é verdadeiramente. Devemos antepor a misericórdia ao julgamento e, em todo o caso, o julgamento de Deus será sempre feito à luz da sua misericórdia. Por isso, oxalá o cruzamento da Porta Santa nos faça sentir participantes deste mistério de amor, de ternura. Ponhamos de lado qualquer forma de medo e temor, porque não se coaduna em quem é amado; vivamos, antes, a alegria do encontro com a graça que tudo transforma (Papa Francisco, 2015).

## c) A força do perdão

Quando entendi que Deus não é uma memória perversa, que tudo guarda para me acusar, então, comecei a entender o valor do perdão. Em Jesus nós aprendemos a contemplar o rosto misericordioso de Deus Pai. E na Igreja, com o sacramento da reconciliação, entendi o significado da harmonia pessoal e social.

A palavra perdão vem do grego *aphesis*, do verbo *aphiemi*, que significa jogar fora, mandar embora, soltar, libertar. Quem perdoa liberta o outro da culpa e quem se perdoa se desfaz do pecado. Na experiência da reconciliação, a pessoa restabelece a paz interior e exterior (cf. Grün, 2005, p. 9-10).

> O sacramento da Penitência ou Reconciliação aplana o caminho a cada um dos homens, mesmo quando sobrecarregados com graves culpas. Neste Sacramento todos os homens podem experimentar, de modo singular, a misericórdia, isto é, aquele amor que é mais forte do que o pecado. Convém que este tema fundamental apesar de já tratado na Encíclica *Redemptor Hominis*, seja abordado mais uma vez (DM, 13).

O perdão gera a alegria, a consciência de si, educa a descer do orgulho e cura as feridas mais profundas do núcleo espiritual. O perdão, então, transcende a culpa do pecado. O próprio Jesus não pede sacrifícios, nem jejuns, nem anulações, mas simplesmente que a pessoa seja capaz de se superar. O pecado sufoca, o perdão liberta, faz a pessoa levantar voo. O pecado deixa o ser humano rodopiando ao redor de si sem poder voar. O perdão ajuda a equilibrar o sentido de liberdade e responsabilidade dos sentimentos e ações que nos fazem voar. Razão tem Francisco quando diz que "a misericórdia de Deus não é uma ideia abstrata, mas uma realidade concreta que revela o amor de um pai e de uma mãe que se comovem pelo próprio filho até o mais íntimo das suas vísceras" (MV, 6).

Saber perdoar é ainda a superação para que não vivamos a *psicologia do urubu*,[7] ou seja, a busca da carniça para dela alimentar-se. O pecado nos faz comer sempre o que já está podre, o que pode sufocar e matar. Papa Francisco ilustrou muito bem em *Amoris Laetitia* esta realidade,

> hoje sabemos que, para se poder perdoar, precisamos passar pela experiência libertadora de nos compreendermos e perdoarmos a nós mesmos. Quantas vezes nossos erros ou o olhar crítico das pessoas que amamos nos fizeram perder o amor a nós próprios; isso acaba por nos levar a acautelar-nos dos outros, esquivando-nos do seu afeto, enchendo-nos de suspeitas nas relações interpessoais. Então, poder culpar os outros torna-se um falso alívio. Faz falta rezar com a própria história, aceitar a si mesmo, saber conviver com as próprias limitações e, inclusive, perdoar-se, para poder ter essa mesma atitude com os outros (AL, 107).

---

[7] Aproprio-me desse conceito, desenvolvido no Instituto Persona, sob a orientação da Dra. Maria do Carmo Valente, para explicar o núcleo humano, onde acontecem as opções de espiritualidade mais profunda.

Por outro lado, a *psicologia do beija-flor* coloca-nos na dimensão do perdão e do saber saborear a graça da misericórdia. O beija-flor não procura a carniça, mas o mel das flores. Assim também, a política do perdão na ação catequética não pode fixar-se na decomposição da vida, mas na capacidade de desenvolver a beleza do interior do ser humano, ser sal, para não deixar apodrecer; ser luz, para aquecer e iluminar o caminho de conversão.

A catequese, como processo iniciático para a política do perdão, não pode ensinar a fazer listas de pecados à luz dos dez mandamentos, mas a entender o núcleo da espiritualidade cristã, ou seja, saber seguir Jesus nos interditos da vida cotidiana. O catequista deve ser o exemplo desse seguimento.

Para facilitar, ainda mais, a compreensão do perdão, é preciso ir novamente à Bíblia. Ali encontramos o texto do cego Bartimeu para compreender que "o que movia Jesus era a misericórdia" (MV, 8). Jesus chega à cidade de Jericó. Uma grande multidão o seguia. À beira da estrada um homem, ao saber que Jesus passava, começou a gritar: "Filho de Davi, tem piedade de mim" (Mc 10,45b). Era um cego. Ao escutar os gritos, Jesus para e pede que ele venha ao seu encontro. Bartimeu, em um ato impulsivo, arrancou o manto, deu um pulo e foi ao encontro de Jesus. São gestos sincrônicos que definem muito bem a política do perdão. É preciso deixar o manto que cobre nossos pecados, nossa segurança e nos condiciona a estar à margem. O *colocar-se de pé* é a atitude da pessoa ressuscitada. O *sair ao encontro* é o caminho da conversão e da verdadeira liberdade.

O Sacramento da Reconciliação, confissão, é exatamente a experiência de Bartimeu; "saber levantar e caminhar, viver neste mundo como novas pessoas" (Grün, 2005, 96). Contudo, faz-se urgente repensar a prática da confissão. Ninguém deveria se confessar por obrigação. Nem toda fragilidade humana é pecado mortal. Mais do que confissão, muitas pessoas precisam de um esclarecimento ou direção espiritual. Quando assumimos a culpa e a transportamos para o confessionário, estamos no campo meramente jurídico da relação com Deus, falta o caminho da conversão. O sentimento de culpa, como já disse, é danoso e sufocante. A culpa "consiste na negação de me ver e me aceitar do jeito que sou" (Grün, 2005, p. 105). O não querer ver não ajuda a reconhecer o perdão, mas a negá-lo. No entanto, quando sou capaz de aceitar minha culpa, então, começo, como o filho pródigo, o caminho de conversão e retorno à casa do pai. A confusão está na culpa e na desculpa, quer dizer, "quando culpamos a nós mesmos, dilaceramo-nos com sentimentos de culpa e nos autopunimos com eles" (Grün, 2005, 109). Isso impede o senso de autocrítica. Por outro lado, "quando nos desculpamos e procuro mil razões para não ser culpado e tento me justificar" (Grün, 2005, p. 110), então, fujo do meu núcleo interior e não faço o caminho de conversão.

Quando assumo que pequei, não transfiro para ninguém meus pecados, não escondo nada, e na confissão me reconcilio com meus sentimentos de culpa e aceito o perdão de Deus. Por isso é tão importante o rito da confissão: 1. Exame de consciência, sentir o que não está em harmonia; 2. Confessar, falar da culpa, do que me sufoca; 3. Absolvição, receber o toque das mãos do confessor como o gesto do pai bondoso que veste, coloca o anel no dedo, as sandálias nos pés e faz festa; 4. Agradecimento, participar da Alegria do aconchego e saborear do banquete que o Pai prepara para o filho que retorna (cf. Grün, 2005, p. 119-122).

Esse ritual é fundamental para vivenciar o verdadeiro sentimento da misericórdia, pois, "o perdão é a força que ressuscita para nova vida e infunde a coragem para olhar o futuro com esperança" (MV, 10). Não é sadio ensinar aos catequizandos e ao povo a fazer lista de pecados; melhor é saber diferenciar o sentido da liberdade fora da casa paterna e no interior dela. Saber que a culpa deve ajudar a reconhecer as fragilidades e o pecado para assumi-los no caminho da conversão. Há que ajudar as pessoas a compreender a grandeza do perdão de si e dos outros na experiência da misericórdia. Saber fazer memória afetiva dos pecados para esquecê-los na medida do amor. É isso que liberta a alma humana.

Não sei se essa meditação ajudou a repensar as políticas do perdão como tínhamos proposto. Contudo, tive a intenção de proporcionar uma nova atitude diante do pecado. Não se trata de perder a noção do pecado, do rompimento com Deus e sua misericórdia, e esconder-se dele, mas entender que pecar é algo que rompe o núcleo interior da espiritualidade e não uma lista de acusações que se faz ao confessor, na tentativa de encontrar alívio para atos que ainda não foram perdoados no interior de si mesmo.

Para muitos, sobretudo crianças, a confissão é um sofrimento, porque o confessor é mais juiz que presença do Senhor que acolhe e perdoa. Precisamos mudar essa realidade. Há pecados mortais que precisam do sacramento e há fragilidades que necessitam de uma ajuda espiritual e profissional mais profunda. Confundir ambas realidades é perpetuar a culpa ou desculpar-se delas sem procurar as mediações de cura. Lembrando que a confissão é sacramento de cura, cuja "matéria remota do sacramento da Penitência não são propriamente os pecados, mas sua manifestação externa pelo penitente" (Hortal, 2000, p. 143).

Então, fazer a experiência de ser perdoado significa que estamos em um caminho de conversão, purificação, do fogo do amor de Deus que purifica, como dizia muito bem Santa Catarina de Gênova.

> É importante observar que, na sua experiência mística, Catarina jamais tem revelações específicas sobre o purgatório ou sobre as almas que ali estão a purificar-se. Todavia, nos escritos inspirados pela nossa santa, é um elemento central, e o modo de o descrever tem características originais em relação à sua época. O primeiro traço original diz respeito ao "lugar" da purificação das almas. No seu tempo, ele era representado principalmente com o recurso a imagens ligadas ao espaço: pensava-se em certo espaço, onde se encontraria o purgatório. Em Catarina, ao contrário, o purgatório não é apresentado como um elemento da paisagem das vísceras da terra: é um fogo não exterior, mas interior. Este é o purgatório, um fogo interior. A santa fala do caminho de purificação da alma, rumo à plena comunhão com Deus, a partir da própria experiência de profunda dor pelos pecados cometidos, em relação ao amor infinito de Deus (Bento XVI, 2011-b).

É nesse ato de purificação, purgatório, o cuidar e comer com os porcos, como na parábola dos "dois irmãos", que vamos rever nossas ações e fazer o caminho da conversão à casa do pai. É a experiência de ser cada dia mais puro, mais humano e mais santo.

A Unção dos Enfermos é a cura da doença, seja ela espiritual ou corporal. Deus cura libertando a pessoa do peso da dor porque ele sente compaixão por nós e nos toca curando-nos (cf. CIgC, 1504). Nesse sacramento há o sinal visível do perdão dos pecados, pois ao ungir o doente o ministro (padre ou bispo) também perdoa os pecados. No leito de dor ou na velhice prolongada, não devemos aumentar o peso, mas revelar a graça do fardo da misericórdia de Deus. Uma coisa importante é que esse Sacramento não foi feito para matar, mas para curar, portanto, sua ação é sempre benéfica para a pessoa, no perigo de morte ou na ocasião de uma cirurgia, de uma doença, da velhice, enfim, sempre será um copo da água viva, que é Deus, para quem tem sede. O Ministro do sacramento realiza uma celebração da Palavra e com o óleo unge a pessoa dizendo:

> "Por esta santa unção e por sua piíssima misericórdia, o Senhor venha em teu auxílio com a graça do Espírito Santo, para que, liberto de teus pecados, Ele te salve e, em sua bondade, alivie teus sofrimentos".

### 8.3. Os sacramentos da missão: Ordem e Matrimônio

No passado, a Igreja se debruçou na reflexão desses dois sacramentos de forma muito especial. Em 1981, após o Sínodo sobre a Família, o papa João Paulo II publicou uma exortação sobre o tema chamada *Familiaris Consortio,* a família no mundo de hoje. Em 2016, papa Francisco publicou outra exortação, também fruto de um Sínodo sobre a família, chamada *Amoris Laetitia,* sobre o amor da família. No ano de 1992, o papa João Paulo II publicou uma exortação chamada *Pastores Dabo Vobis,* sobre a formação dos sacerdotes, no entanto, em 1971, aconteceu também em Roma um valioso congresso sobre a identidade dos padres. Em 2016 foi tornada pública a revisão da *Ratio Fundamentalis Institutionis Sacerdotalis* (Critérios e normas sobre a formação dos sacerdotes), com o título *O Dom da Vocação Presbiteral.* Portanto, não faltam orientações a esse respeito. Aqui vou apenas dar algumas pistas de reflexão catequética sobre ambos sacramentos.

*a) Ordem*

A palavra ORDEM vem do contexto jurídico romano e significa CORPOS; quem governa pertence ao corpo do governo. Na Tradição litúrgica o termo mais próximo é "ordines", expressão latina; então quem recebe o sacramento da ordem pertence ao grupo dos diáconos, padres e bispos, que são eleitos, designados e consagrados pelo próprio Cristo, único sacerdote, pela imposição das mãos, a serviço da Igreja.

A missão daqueles que recebem a Ordem é "de prolongar a presença de Cristo, atualizando seu estilo de vida e tornando-se como que sua transparência no meio do rebanho a eles confiado" (PDV, 15). Nesse sentido, o padre é, na Igreja, um sinal visível da presença de Cristo, configurado a Ele; por conseguinte, os padres atuam em comunhão com os bispos e com os demais presbíteros, para o bem da Igreja.

O que dá unidade a essa pertença é o próprio sacramento da ordem (cf. PDV, 16.21).

Portanto, os presbíteros, assim como os demais ordenados, personalizam a caridade pastoral, que é o dom de si mesmo que manifesta ao mundo o amor de Cristo pelo Povo de Deus. A caridade pastoral, portanto, dá o norte para o agir, pensar e as relações que os diáconos, presbíteros e bispos estabelecem na vida da Igreja (cf. PDV, 23). O presbítero, de forma especial, é um animador, guia de comunidades e lideranças. Ele promove a descentralização do poder, dando aos leigos e leigas a chave da animação do povo de Deus. Assim como Jesus, ele deve ser o Bom Pastor no meio do povo, animando com as três irmãs teologais: fé, esperança e caridade.

Sendo assim, chamo a atenção para os três graus do sacramento da Ordem: o diaconato, para o serviço específico da pregação, assistência ao Matrimônio, proclamação do Evangelho, presidir funerais e outros serviços ligados à caridade (cf. CIgC, 1569ss), podendo ser homens casados, portanto diaconato permanente, como para os celibatários, que se orientam para o presbiterado; o segundo grau é o presbiterado, apenas para celibatários que exercem as funções de animação e governo, segundo as disposições do bispo diocesano, para os padres ligados à diocese, e a obediência religiosa para os padres, que pertencem aos Institutos de vida consagrada; o terceiro grau é o episcopado conferido aos presbíteros eleitos pelo papa para o governo de uma diocese. No entanto, nada disso teria sentido sem aquela caridade pastoral que configura o chamado a ter o mesmo coração de Deus voltado para seu povo.

*b) O Matrimônio*

A Igreja reconhece que o Sacramento do Matrimônio é obra de Deus. Aliança entre ele e a humanidade, visível na união de um homem e uma mulher que, pelo amor, unem-se e vivem na fecundidade matrimonial (cf. CIgC, 1062-1064), na fidelidade exclusiva recíproca e na indissolubilidade da união. Então, o matrimônio religioso não é apenas a união entre duas pessoas, mas o sinal da comunhão de Deus com seu povo, amor conjugal exclusivo e fiel (Os 1-3).

Na recente exortação apostólica, *Amoris Laetitia,* papa Francisco afirma que a graça do sacramento do Matrimônio se fortalece no amor conjugal, cujo itinerário foi muito bem descrito por São Paulo (1Cor 13,4-7). Um verdadeiro hino à caridade, que descreve o amor em sua plenitude e santificação. O amor paciente, benfazejo, não invejoso, não orgulhoso, não causa vergonha, não busca interesses, não se encoleriza com o mal sofrido, não se alegra com a injustiça, mas com a verdade, tudo desculpa, crê, espera e suporta. Esse amor vivido a dois, na fecundidade do casal nos filhos, é a expressão maior do sinal matrimonial religioso (cf. AL, 90).

Evidentemente que a fidelidade não é fácil, amar uma pessoa para o resto da vida com a mesma intensidade do início também não é possível, mas, diz o papa, "podemos ter um projeto comum estável, comprometer-nos a amar-nos e a viver unidos até que a morte nos separe, e viver sempre uma rica intimidade" (AL, 163). Eis o sentido mais prático e coerente do amor conjugal. Um amadurecer no amor, no respeito recíproco, sabendo encontrar em cada fase da vida as formas de amar, inclusive no sexo.

Importante salientar que, no Matrimônio, os ministros são o homem e a mulher que livremente realizam a aliança, o ministro ordenado apenas assiste à celebração e acolhe o consentimento em nome da Igreja e dá a bênção nupcial. Essa presença ministerial e do povo caracteriza o aspecto eclesial do sacramento. Os casamentos mistos, ou seja, entre pessoas de crenças diferentes, deve, ser bem orientados. Para isso, a autoridade eclesiástica deve dar o consentimento quando se tratar de um batizado e não batizado; quando houver disparidade de culto – católico e não batizado – exige uma autorização maior, no caso do bispo. Muitas vezes, a disparidade de culto pode, ao longo do tempo, agravar a vivência matrimonial. É preciso, portanto, prudência (cf. CIgC, 1625-1633ss). Do ponto de vista pastoral, precisamos elaborar propostas de preparação e seguimento dos casais.

3º Tempo da Iniciação Cristã

# AS VIRTUDES TEOLOGAIS E CARDEAIS NA VIVÊNCIA CRISTÃ:

# OS RITOS DE PURIFICAÇÃO E EXORCISMOS

3º Tempo da Iniciação Cristã

# AS VIRTUDES TEOLOGAIS E CARDEAIS NA VIVÊNCIA CRISTÃ.

# OS RITOS DE PURIFICAÇÃO E EXORCISMOS

O que é virtude? Em um contexto em que tudo parece líquido, passageiro e sem força de vontade estável, falar de virtudes parece algo anacrônico. Contudo, ter firme disposição, caminhar no sentido da verdade para adquirir no projeto pessoal de vida um sentido sistêmico para viver integrado consigo mesmo, será sempre virtude (cf. Fanzaga, 2007-a, p. 15). O próprio São Paulo já ensinava que: "Tudo que é verdadeiro, nobre, justo, puro, amável, de boa fama, virtuoso, louvável, deve ocupar nossos pensamentos" (Fl 4,8). O Catecismo diz que a virtude é uma "disposição habitual e firme para fazer o bem" (CIgC, 1803). Hábito e bondade, duas qualidades que brotam da conquista da virtude. As virtudes se dividem em teologais, porque se referem a nossa relação com Deus: fé, esperança e caridade; e cardeais, porque nos colocam em relação com o próximo e com nós mesmos: prudência, justiça, fortaleza e temperança. Essas virtudes são gérmens de santidade plantados no jardim interior de nossa vida, verdadeiras lâmpadas, que nunca podem se apagar em nosso itinerário rumo ao Reino definitivo (cf. Fanzaga, 2007-b, p. 41).

# 1. As virtudes teologais

## 1.1. A Fé

O despertar da fé não é obra humana apenas, é dom de Deus, graça dada pelo Espírito Santo. No entanto, para crer é preciso a humildade no encontro com Deus, pois o orgulho impede de contemplar a beleza da fé. Por conseguinte, a fé se vive no ato celebrativo pessoal e comunitário. Ao participar da oração da Igreja nós celebramos o que cremos. Assim experimentamos no cotidiano os frutos do ato de crer, pois percebemos Deus pelos efeitos que Ele produz em nós, consequentemente vivenciamos a fé na prática do bem. Mais ainda, a fé precisa de conhecimento, por isso, estudamos as razões da nossa esperança, e quanto mais o fazemos, mais iremos aprofundar os elementos fundamentais da nossa relação com Deus; assim, seremos capazes de testemunhar o que cremos e de anunciar, com a vida e a palavra, o que dá sentido a nossa relação com Deus. Esse ciclo da fé é fundamental para manter viva a chama da fé que gera confiança e entrega (cf. Fanzaga, 2007-b, Passim).

No fundo a fé não é apenas uma questão de razão, compreensão, mas também de entrega, pois a compreensão abre o caminho para deixar-nos seduzir por Deus, autor da fé. Bento XVI afirmava, na *Spe Salvi*, que "a fé não é só uma inclinação da pessoa para realidades que hão de vir, mas estão ainda totalmente ausentes; ela dá-nos algo. Ela atrai o futuro para dentro do presente, de modo que aquele já não é o puro ainda-não... assim as coisas futuras derramam-se naquelas presentes e as presentes, nas futuras" (ESS, 7). Portanto, o dom da ciência é fundamental para a iluminação interior que nos ajuda a entrar em comunhão com toda a criação, obra de Deus criador (cf. Fanzaga, 2007-a, p. 84).

# Anexo

# ILUMINAÇÃO E PURIFICAÇÃO

## 1º Escrutínio
## (Adaptado do RICA)

*(Após a homilia, os catecúmenos são convidados a ficar de pé e segue o rito. Os introdutores colocam a mão direita sobre o ombro do eleito.)*

**PRECE PELOS FIÉIS ELEITOS**

**P.:** Oremos por estes eleitos, que a Igreja confiantemente escolheu após longa caminhada, para que, concluída sua preparação, nestas festas pascais, encontrem o Cristo em seus sacramentos.

1. Para que estes eleitos, a exemplo da samaritana, repassem suas vidas diante do Cristo e reconheçam os próprios pecados, roguemos ao Senhor.

**T.: Senhor, atendei a nossa prece.**

2. Para que sejam libertados do espírito da descrença que afasta a humanidade do caminho de Cristo, roguemos ao Senhor.

3. Pelo papa, bispos, padres, diáconos, religiosos e religiosas, para que na escuta atenta da Palavra de Deus possam dar testemunho vivo do Senhor ressuscitado, roguemos ao Senhor.

4. Para que, à espera do dom de Deus, cresça neles o desejo da água viva que jorra para a vida eterna, roguemos ao Senhor.

5. Para que, aceitando como mestre o Filho de Deus, sejam verdadeiros adoradores do Pai, em espírito em verdade, roguemos ao Senhor.

6. Para que, tendo experimentado o maravilhoso encontro com o cristo, possam transmitir aos catequizandos, amigos e concidadãos sua mensagem de alegria, roguemos ao Senhor.

7. Para que todos os que sofrem no mundo, pela pobreza e pela falta da Palavra de Deus, tenham a vida em plenitude, prometida pelo Evangelho de Cristo, roguemos ao Senhor.

8. Para que todos nós, preparando-nos para as festas pascais, possamos corrigir nossos erros, elevar nosso coração e praticar a caridade, roguemos ao senhor.

9. Para que as famílias ponham sua esperança em Cristo e nele encontrem paz e santidade, roguemos ao Senhor.

## EXORCISMO

**P.:** Oremos. Pai de misericórdia, por vosso Filho, vós compadecestes da samaritana e, com a mesma ternura de Pai, oferecestes a salvação a todo pecador. Olhai em vosso amor estes eleitos que desejam receber, pelos sacramentos, a adoção de filhos e filhas: que eles, livres da servidão do pecado e do pesado jugo do demônio, recebam o suave jugo de Cristo. Protegei-os em todos os perigos, a fim de que vos sirvam fielmente na paz e na alegria e vos rendam graças para sempre. Por Cristo, nosso Senhor.

**T.: Amém.**

*(Os eleitos de joelhos. O presidente da celebração impõe em silêncio as mãos sobre os eleitos. Depois continua a oração:)*

**P.:** Senhor Jesus, que em vossa admirável misericórdia convertestes a samaritana, para que adorasse o Pai em espírito e verdade, libertai agora das ciladas do demônio estes eleitos que se aproximam das fontes da água viva; convertei seus corações pela força do Espírito Santo, a fim de conhecerem vosso Pai, pela fé sincera que se manifesta na caridade. Vós que viveis e reinais para sempre.

**T.: Amém**

*(Os eleitos ficam de pé. Segue a missa. Após a bênção final, despedida dos eleitos:)*

**P.:** E vós, catecúmenos, ide em paz e comparecei ao próximo escrutínio. O Senhor vos acompanhe.

**Eleitos: Graças a Deus.**

## 1.2. A Esperança

A virtude da esperança nos abre à felicidade eterna, pondo nossa confiança em Jesus Cristo, nosso Salvador (cf. CIC, 1817; Fangasa, 2007-b, p. 96). É ela que nos coloca na perspectiva de que um futuro é possível, de que nossa vida é um processo de purificação e o desânimo não tem lugar em nossa vida. Ela é a verdadeira arma dos peregrinos, do povo em exílio permanente, cuja realização acontece nas bem-aventuranças proclamadas por Jesus (Mt 5).

Vivemos tempos difíceis, crise ética, humanitária, como diz papa Francisco, "em uma 3ª Guerra Mundial aos pedaços" e mergulhados na indiferença. O mundo globalizado tornou-se uma sociedade de migrantes que deixam suas terras, culturas em busca da sobrevivência; expulsos pelo ódio e pela vingança, lutas tribais e até religiosas, com pactos rompidos por poderosos inescrupulosos e a cultura do descartável. É um tempo em que se mesclam grandes conquistas nos meios de comunicação e, ao mesmo tempo, grandes desilusões com povos famintos, esquecidos, subjugados, escravizados, com corrupção e roubo do bem comum do povo, políticos desonestos e populistas, que usam da miséria do povo para se manterem no poder a qualquer custo. É uma sociedade de desiguais. No entanto, a esperança nos diz que Deus habita essa realidade e quer que todos se salvem (1Tm 2,4). A fé é, portanto, a nossa couraça e nos mantém alegres na certeza de que Deus está fazendo uma obra nova (Is 43,19).

Como cristãos, não podemos claudicar nessa âncora que nos mantém firmes naquele que é nossa única e definitiva salvação. No dizer de Santa Teresa D´Ávila, rezamos: "Espera, ó minha alma, espera", pois Deus nos dará asas para podermos voar e alcançar a meta definitiva.

# Anexo

# ILUMINAÇÃO E PURIFICAÇÃO

## 2º Escrutínio
## (Adaptado do RICA)

*(Após a homilia, os catecúmenos são convidados a ficar de pé e segue o rito. Os introdutores colocam a mão direita sobre o ombro do eleito.)*

**PRECE PELOS FIÉIS ELEITOS**

**P.:** Oremos, irmãos e irmãs, por estes eleitos chamados por Deus, para que, permanecendo nele, deem, por uma vida santa, testemunho do Evangelho.

1. Pelo papa, bispos, presbíteros e diáconos, para que, na comunhão, sejam testemunhas vivas do Evangelho da caridade, roguemos ao Senhor.

**T.: Senhor, atendei a nossa prece.**

2. Para que Deus dissipe as trevas, e sua luz brilhe no coração destes eleitos, roguemos ao Senhor.

3. Para que o Pai conduza estes eleitos a seu Cristo, luz do mundo, roguemos ao Senhor.

4. Para que Deus abra o coração destes eleitos, e eles proclamem sua fé no Senhor da luz e fonte da verdade, roguemos ao Senhor.

5. Para que Deus preserve estes eleitos da incredulidade deste mundo, roguemos ao Senhor.

6. Para que, salvos por aquele que tira o pecado do mundo, sejam libertados do contágio e da influência do mal, roguemos ao Senhor.

7. Para que, iluminados pelo Espírito Santo, sempre proclamem e comuniquem aos outros o Evangelho, roguemos ao Senhor.

8. Para que todos nós, pelo exemplo de nossa vida, sejamos em Cristo luz do mundo, roguemos ao Senhor.

9. Para que o mundo inteiro conheça o verdadeiro Deus, Criador de todos, que dá aos seres humanos o espírito e a vida, roguemos ao Senhor.

## EXORCISMO

*(Após as preces, quem preside diz:)*

**P.:** Oremos. Pai de bondade, que destes ao cego de nascença a graça de crer em vosso Filho e de alcançar pela fé o vosso reino de luz, libertai estes eleitos dos erros que cegam e concedei-lhes, de olhos fixos na verdade, tornarem-se para sempre filhos da luz. Por Cristo, nosso Senhor.

**T.: Amém.**

*(Os eleitos de joelhos. Quem preside impõe as mãos em silêncio sobre cada eleito. Depois continua a oração:)*

**P.:** Senhor Jesus, luz verdadeira, que iluminais toda a humanidade, libertai, pelo Espírito da verdade, os que se encontram oprimidos pelo pai da mentira, e despertai a boa vontade dos que chamastes aos vossos sacramentos, para que, na alegria da vossa luz, tornem-se, como o cego outrora iluminado, audazes testemunhas da fé. Vós que viveis e reinais para sempre.

**T.: Amém.**

*(Os eleitos ficam de pé. Segue a missa. Após a bênção final, despedida dos eleitos:)*

**P.:** E vós, catecúmenos, ide em paz e comparecei ao próximo escrutínio. O Senhor vos acompanhe.

**Eleitos: Graças a Deus.**

*1.3. A Caridade*

Jesus deixou a caridade como o mandamento novo: amor a Deus e ao próximo (Jo 13,1). A caridade é superior às demais virtudes, pois poderíamos ter tudo, mas sem a caridade ativa nada teria sentido (1Cor 13,13). A caridade amarra tudo na ação compassiva pelos mais pobres, pelo próximo. É uma forma concreta de amar até as últimas consequências. É por isso que o cristão não pode ser indiferente diante da dor, da injustiça, da fome, da violência etc. Impelidos pela caridade, somos levados a agir segundo o amor, pois o cristão caridoso é prestativo, alegre, disponível, solidário, fraterno, evita todo tipo de violência e contribui para a transformação da sociedade com a prática do bem aos outros. João Paulo II dizia que "a dor do amor torna-se a nossa salvação e a nossa alegria" (ESS, 47). Nisso está a verdadeira caridade cristã.

É essa caridade, fruto do Espírito, que levou santos, como Camilo de Lellis, Santa Teresa de Calcutá, Dom Bosco, Marcelino Champagnat, Maximiliano Maria Kolbe, Santa Teresa Benedita da Cruz, a vencerem o medo e dedicarem-se aos mais pobres, até à oblação da própria vida, a exemplo de Jesus Cristo.

# Anexo

# ILUMINAÇÃO E PURIFICAÇÃO

## 3º Escrutínio

*(Após a homilia, os catecúmenos são convidados a ficar de pé e segue o rito. Os introdutores colocam a mão direita sobre o ombro do eleito.)*

**PRECE PELOS FIÉIS ELEITOS**

**P.:** Oremos, irmãos e irmãs, por estes escolhidos de Deus, para que, participando da morte e ressurreição de Cristo, possam superar, pela graça dos sacramentos, o pecado e a morte.

1. Pelo papa, bispos, presbíteros e diáconos, para que o Espírito Santo, que sonda o coração de todos, fortifique com a força divina a fraqueza humana, roguemos ao Senhor.

**T.: Senhor, atendei a nossa prece.**

2. Para que estes eleitos recebam o dom da fé, pela qual proclamem que o Cristo é a ressurreição e a vida, roguemos ao Senhor.

3. Para que, livres de seus pecados, deem frutos de santidade para a vida eterna, roguemos ao Senhor.

4. Para que, rompidos pela penitência os laços do demônio, tornem-se semelhantes ao cristo e, mortos para o pecado, vivam sempre para Deus, roguemos ao Senhor.

5. Para que, na esperança do Espírito Santo vivificante, disponham-se corajosamente a renovar sua vida, roguemos ao Senhor.

6. Para que estes eleitos, que em breve receberão o sacramento da iniciação, unam-se ao próprio autor da vida e da ressurreição, roguemos ao Senhor.

7. Para que todos nós, povo de Deus, vivendo uma vida nova, manifestemos ao mundo o poder da ressurreição de Cristo, roguemos ao Senhor.

8. Para que todos os habitantes da terra encontrem o Cristo e saibam que só ele possui promessas da vida eterna, roguemos ao Senhor.

9. Para que na vigília de Páscoa, estes eleitos assumam com maior empenho o compromisso com a cruz de Cristo, roguemos ao Senhor.

## EXORCISMO

**P.: Oremos.** Deus Pai, fonte da vida, vossa glória está na vida feliz dos seres humanos e o vosso poder se revela na ressurreição dos mortos. Arrancai da morte os que escolhestes e desejam receber a vida pelo Batismo. Livrai-os da escravidão do demônio, que pelo pecado deu origem à morte e quis corromper o mundo que criastes bom, submetei-os ao poder do vosso filho amado, para receberem dele a força da ressurreição e testemunharem, diante de todos, a vossa glória. Por Cristo, nosso Senhor.

**T.: Amém.**

*(Os eleitos de joelhos. Quem preside impõe as mãos em silêncio sobre cada eleito. Depois continua a oração:)*

Senhor Jesus Cristo, ordenastes a Lázaro sair vivo do túmulo e por vossa ressurreição libertastes da morte toda a humanidade, nós vos imploramos em favor de vossos servos e servas, que acorrem às águas do novo nascimento e à ceia da vida; não permitais que o poder da morte retenha aqueles que, por sua fé, vão participar da vitória de vossa ressurreição. Vós que viveis e reinais para sempre.

**T.: Amém.**

*(Os eleitos ficam de pé. Segue a missa.)*

## 2. As virtudes Cardeais

As virtudes cardeais agrupam ao redor delas todas as demais. Elas funcionam como eixos de toda a nossa vida cristã. São quatro (cf. Fangasa, 2007-a, p. 29ss).

### 2.1. A prudência

A virtude da prudência nos ajuda a prever o mal, a discernir sobre o agir humano de forma justa, sem exageros ou legalismos. No livro dos Provérbios temos uma expressão que diz: "O homem sagaz discerne seus passos" (Pr 14,15). No Evangelho temos um ensinamento de Jesus que diz que um rei prudente é aquele que, antes de ir a uma batalha, senta e considera suas condições para a luta (Lc 14,31-32). É exatamente isso a prudência. É ser humilde para reconhecer as próprias fraquezas e também as forças para garantir o bom êxito de uma ação. O prudente, enfim, não excede em nada, mas usa dos meios adequados para conquistar suas metas, ser prudente como as serpentes (Mt 10,16).

### 2.2. A justiça

A justiça nos ensina a dispor daquilo que é necessário para o bem de todos. Nem muito nem pouco. A prudência ajuda a discernir e a justiça a realizar o que foi decidido. O justo é puro de coração (Mt 5,8) e considera todas as pessoas com a mesma dignidade. A justiça gera uma relação individual e social fundamentada no progresso e na ordem, portanto, onde não há justiça imperam a desordem, o caos e as escravidões. Quando o ser humano quer dominar pela força do poder, ele já perdeu o sentido de justiça. Quando nos calamos diante da corrupção, do engano, dos pactos imorais, pela busca desenfreada do poder, então, podemos afirmar que não há senso de justiça, muito menos uma sociedade justa. O justo é reto em seu agir, manso e humilde, compassivo e bondoso. O justo não se deixa vencer pelos interesses, vanglória e paixões.

## 2.3. *A fortaleza*

A virtude da fortaleza nos forma na vontade, na coragem para vencer o medo nas dificuldades. Trata-se de uma força que brota do interior da pessoa, como dom de Deus, que se revela no agir consciente, decidido e sereno. Aquele que é forte aceita até os sacrifícios, as renúncias para defender uma causa justa. A fonte da fortaleza é a vontade humana. A fortaleza reforça em nós a prática cotidiana do bem, ajuda a vencer os vícios, a vontade fraca.

## 2.4. *A temperança*

Todos nós temos vontade, buscamos coisas prazerosas. Contudo, há situações que exigem melhor consideração, ponderação, nem muito nem pouco, mas a dose certa. Essa é a virtude da temperança. Ela dá o sabor ao tempero da vida humana, modera nossos instintos e desejos (Tt 12,12). A temperança nos forma para a moderação cotidiana de nossos interesses, sonhos, realizações, desejos e conquistas. A pessoa temperante sabe discernir o momento do repouso e do trabalho, de amar e ser amado, do agir e do não agir, do momento da entrega e da espera. Em síntese, a temperança é domínio de si mesmo, do próprio comportamento.

Com essa temática, concluímos o ciclo das catequeses catecumenais. Muitos outros temas ainda poderiam ser explorados, porém, faço essa opção. O catequista poderá recorrer ao *Catecismo da Igreja Católica* e a outros subsídios para aprofundar temas relacionados, mas até aqui consideramos o que nos parecem primários.

4º Tempo da Iniciação Cristã

# A MISTAGOGIA:
# JESUS IMPACTA NOSSA VIDA!

4º Tempo da Iniciação Cristã

# A MISTAGOGIA:
# JESUS IMPACTA NOSSA VIDA!

Hoje, na cultura catequética pós-conciliar e a partir do documento da CNBB sobre a *iniciação cristã*, retomamos a práxis antiga da mistagogia. Palavra grega composta de duas partículas *MIST*, que significa *mistério*, e *AGOGIA*, que quer dizer *guiar, conduzir*. A composição de ambas nos dá o conceito seguinte: *Mistagogia é a arte de conduzir uma pessoa para dentro do mistério de Deus*. No início do cristianismo, sobretudo na prática de um dos grandes mistagogos do IV século, São Cirilo de Jerusalém (315-387), teólogo e bispo, encontrou uma ressonância fantástica e criativa no modo de vivenciar a fé recebida.

Cirilo deixou 23 catequeses: 18 aos catecúmenos e cinco aos neófitos. Essas cinco últimas versam sobre os sacramentos recebidos, o mistério vivido no Batismo, Crisma e Eucaristia, uma espécie de passagem da penitência para a festa da ressurreição, reconciliação com Deus.

A mistagogia ciriliana criava um imaginário religioso (cf. M. Filho, 2012, p. 17-19) capaz de envolver os neófitos (recém-batizados), no clima espiritual prático, de adesão e compromisso com a vida cristã, configurada a Jesus Cristo. Com a mistagogia cria-se uma linguagem *virtual*, portanto moderna, da catequese. Onde não se impõe com a doutrina, mas o saber saborear o mistério apenas recebido. A vida torna-se um grande cenário, no qual o cristão vive sua adesão a uma pessoa concreta, Jesus, e não a uma ideia sobre ele, por mais bela que seja. O cristão torna-se assim um protagonista, mais que um mero receptor do Evangelho (cf. M. Filho, 2012, p. 17-19.31). Ele se torna o que recebeu.

No batismo, o cristão assume sua nova realidade e é revestido de Cristo (Rm 6,5), fato que, no crisma, transforma-nos em um companheiro – discípulo – inseparável de Jesus que, por sua vez, alimenta a vida do fiel na Eucaristia. Dessa forma, "o cristão sente por meio dos ritos e nos gestos a presença visível de Jesus, pois nele tudo se torna presença, visibilidade, sempre no Mistério" (M. Filho, 2012, p. 38). Então, o imaginário aparece no real e Jesus se torna o alimento da vida cotidiana da pessoa, gerando uma identidade prática do cristão em sua capacidade de escuta, no saber estar com a comunidade e de comunicar com a vida os elementos fundamentais da fé (cf. M. Filho, 2012, p. 49). É uma inserção dinâmica e proativa na sociedade.

A comunidade cristã torna-se a manifestação do Corpo de Cristo. Ela é uma interlocutora em suas variadas expressões de serviço e culto (cf. M. Filho, 2012, p. 68). O cristão usa da linguagem da comunidade para servir aos demais na dinâmica do mistério recebido nos sacramentos. Então, como uma fonte de vida, o cotidiano é povoado por homens e mulheres que configurados a Jesus se colocam, a partir da vocação e das vocações, a serviço do bem de todos, desenvolvendo os carismas e serviços no seio da comunidade viva. O cristão é, assim, "o bom odor de Cristo", ou seja, entra no mundo para transformá-lo de forma até transgressora, porque a alma transgride e o corpo limita.

A partir disso é possível dizer que a mistagogia é proatividade, inserção, compromisso. Dura toda a vida e se renova, na medida em que o cristão penetra com seu pensamento e atitudes no Corpo da Igreja e da sociedade, para ser sal, luz e fermento na massa. Podemos nos perguntar: qual o período da mistagogia? A resposta é simples: durará até o encontro definitivo com Deus e será a cada dia uma renovada inserção do cristão no mundo dos desafios e das demandas, desde os areópagos modernos, dos ministérios eclesiais, das pastorais e dos movimentos e Associações, sempre na busca de concretizar aquilo que recebeu na iniciação.

Um tema importante a ser considerado na mistagogia é o despertar vocacional. Na medida em que o neófito saboreia o mistério recebido ele poderá, com maior prontidão, desejar ir mais além das pequenas e rápidas escolhas, para um engajamento eclesial de grande significado. O despertar e o cultivo de uma vocação, seja ela à vida religiosa consagrada, presbiteral, matrimonial ou, especificamente, missionária *Ad Gentes*, passam pelo resgate do mistério de Deus, que chama e envia.

O que é mesmo Animação Vocacional? Quem é o animador? Quem é a pessoa animada? Em que ambiente existencial ele anima – animador – e onde a pessoa animada escuta? Não usarei o termo vocacionado porque todos os cristãos são seres vocacionados. A Igreja é assembleia dos chamados – convocados –, portanto, usar o termo vocacionado para se referir àqueles que estão em um processo de discernimento vocacional é equivocado. Escolho, então, o termo animado; não é o melhor, mas provisório. Animado porque no próprio núcleo da pessoa, centro de sua espiritualidade, está algo que o inquieta e, no encontro com o agente animador, acontece um processo de escuta, leitura, oração e discernimento, que gera a animação vocacional.

Pois bem, vamos a nossa reflexão. Educar é um conjunto de experiências. Há que se pensar na experiência do animador vocacional – contexto – e na experiência do animado – intertexto. Intensifica-se assim um processo de comunicação de valores. É uma via de mão dupla, estreita até, mas real. Para educar não basta apenas falar conteúdos, fórmulas, é preciso experimentar o que se fala – coração, para ter credibilidade diante do educando. O animador vocacional é todo agente mistagogo da evangelização: leigo(a), padre, bispo, religioso(a), a comunidade religiosa, mas sobretudo a comunidade cristã. O lugar real da conscientização vocacional é a comunidade de pessoas, porque a fé é um dom pessoal vivido no ambiente comunitário.

Toda aprendizagem é embriogêneses, quer dizer, acontece dentro de uma realidade pessoal e, somente assim, torna-se conhecimento – internalização. A pessoa que é animada tem informações e quando recebe novas pérolas pelo animador faz um processo de reconhecimento até assimilar, tornando-a significativa, ou seja, o conhecimento anterior e o novo se absorvem gerando um novo conhecimento. Portanto, o que o animado já sabe é essencial para que aconteça a aprendizagem. Em outras palavras, uma pessoa que se coloca dentro de um processo de discernimento vocacional não começa do zero, mas a partir de suas buscas, desejos, sonhos e vivências de fé. Tudo isso é importante para que haja realmente uma atitude de escuta e discernimento.

Nesse sentido, a indústria cultural atual – digital – influencia tremendamente. Ela está marcada por dois elementos de encantamento: a TV e a internet. Diante da TV muitas pessoas passam a maior parte do tempo. Isso significa que as informações chegam muito mais pela TV globalizada do que pela interação dos encontros vocacionais e orientação pessoal. Como trabalhar esse desafio? A animação vocacional precisa desvendar as novas linguagens da comunicação. Estimular o animado a garimpar a partir da experiência. Um animador vocacional que não pesquisa e não envolve os ouvintes na arte de pesquisar – garimpar – não os envolverá na busca do conhecimento, porque na era do click o animador deve ser um mediático, o corpo fala. O animado, por sua vez, é um poço de perguntas carente de respostas. Quando encontra um animador, que fala coerentemente com as próprias vivências, então, desenvolve o processo de aprendizagem.

Considero ilustrativa a propaganda em que aparece o pão sendo tirado do forno e a frase: "Pena que a TV não possa ainda transmitir o cheiro do pão". No entanto, a gente sente a sensação do cheiro porque já o temos na experiência e corremos para comer um pedaço de pão. A animação vocacional de sucesso precisa suscitar essa sensação, desejo de mente e vontade, para fazer o ouvinte – animado – correr na busca da Palavra, para saboreá-la e alimentar-se dela. Sem isso, toda e qualquer proposta vocacional não chegará a propor a vida como sentido e radicalidade no seguimento do Senhor.

O animador vocacional do século XXI não pode ser um mero informante, mas a forma corporal da cultura vocacional, em outras palavras, um verdadeiro mistagogo vocacional. Isso significa saber desenvolver o EU GERENTE. Criativo, ousado, proativo e garimpeiro, capaz de suscitar no animado o desejo de conhecer, de buscar as respostas e não apenas formular perguntas. O método socrático – tirar de dentro – torna-se atual na era digital. Saber aprender a partir da conciliação entre o que já se sabe e o novo na diversidade do conhecimento. Estamos em plena era da diversidade cultural. O animador com EU RÍGIDO fará muitas perguntas, informará... no entanto, jamais será um criador. Não saberá ajudar o educando a mergulhar na cultura, porque para proporcionar a busca do conhecimento o animador, necessariamente, deverá ser um provocador, iluminador, aquele que fala a partir do coração e não do discurso. Quem discursa sem experiência não convence, não cativa, não estimula a busca do conhecimento. Ao contrário, gera um EU SABOTADOR que desestimula, mata a criatividade, enterra os sonhos e castra o desejo.

# CONCLUSÃO

Mais que concluir este livro, imponho-me um limite, senão pode se tornar um volumoso livro sem responder ao problema fundamental que venho trabalhando na catequese: como fazer o processo da iniciação? Meu propósito foi exatamente este. Desde 2009 trabalho com catequistas com o estilo catecumenal. Um duro trabalho, horas e horas de reflexão sobre o RICA, esquemas, itinerários. Uma árdua tarefa. Agora, apresento este esquema de reflexões, que venho desenvolvendo de forma mistagógica, pois acredito que o caminho se faz caminhando, sem pretensões de grandes teses, mas com o olhar fixo em Jesus inspirado na Palavra de Deus, na grande Tradição e no magistério eclesial. Sou consciente de que outros temas devem ser também trabalhados, sobretudo no catecumenato, mas limito-me ao que apresentei. Fica à liberdade dos leitores acrescentar, retirar, criticar e rever os caminhos, porém, nunca parar de caminhar. Nunca desistir do processo.

Os padres da Igreja foram de uma sabedoria enorme e grande sensibilidade para desenvolver propósitos formativos à vida cristã (Cirilo, Ambrósio, Agostinho). Eles conectavam tradição e vida, martírio e diaconia, comunhão e catolicidade. Eram especialistas em evangelização utilizando dos meios que dispunham: alegorias, parábolas, gestos, ritos, arquitetura, pinturas, formas variadas de imaginar e tornar visível o sagrado, mas sempre ancorados nas palavras de João: "O Verbo se fez carne" (Jo 1,1), na grande disputa entre heresias e cismas, de voltar sempre ao essencial, ao sentido mais profundo do ato de crer. Expressavam aquilo que ouviam, viam, contemplavam e tocavam (1Jo 1,1-4), como o desdobramento de uma fé viva, desde o dom recebido até o dom dado como testemunho. Essa é a nossa fé, esta é a fé da Igreja de todos os tempos com todos os interditos, mas sempre na fidelidade dinâmica ao sopro do Espírito Santo, que faz novas todas as coisas ontem, hoje e sempre (Is 43,19).

Que o estudo deste texto ajude você, ministro catequista, a ser um testemunho da fé, atraído por Deus e nunca movido por uma ideia sobre Ele. Que tudo seja para a maior glória de Deus.

# BIBLIOGRAFIA

BAENA, Gustavo. *Fenomenologia de la Revelación, Teologia de la Biblia y hermenêutica*, Espanha: Verbo Divino, 2011.

BENTO XVI. *Jesus de Nazaré, do Batismo do Jordão até à transfiguração*, tradução José Jacinto Ferreira de Farias, São Paulo: Planeta do Brasil, 2007.

_____. *Carta encíclica Spe Salvi, sobre a esperança cristã*, São Paulo: Paulinas, 2007.

_____. *Exortação apostólica pós-sinodal VERBUM DOMINI*, São Paulo: Paulinas, 2010, 2ª ed.

_____. Catequese sobre as santas mulheres do cristianismo 12/01/2011. www.vatican.va/ acesso em 20 de julho de 2015.

_____. *Encontro com os párocos e o clero da diocese de Roma, 07/02/2008.* www.vatican.va/, acesso em 2 de fevereiro de 2016.

_____. *Catequese sobre Santa Catarina de Génova* 12/01/2011. www.vatican.va/, acesso em 3 de fevereiro de 2016.

_____. *Mensagem para a Quaresma de 2013*, www.vatican.va/ acesso em 4 de fevereiro de 2016.

COMPÊNDIO DO CONCÍLIO VATICANO II. *Constituição pastoral Gaudium et Spes,* tradução Frei Boaventura Kloppenburg, Petrópolis: Vozes, 1968.

_____. *Constituição dogmática Sacrossanctum Concilium,* Petrópolis: Vozes, 1987, n. 102.

_____. *Constituições, decretos e declarações,* Constituição dogmática *Dei Verbum,* Petrópolis: Vozes, 1987, 19ª ed.

_____. *Constituições, decretos e declarações,* Constituição dogmática *Lumen Gentium,* Petrópolis: Vozes, 1987, 19ª ed.

CATECISMO DA IGREJA CATÓLICA. São Paulo: Loyola, 2000.

CELAM. *V Conferência Geral do episcopado Latino-Americano e Caribenho,* Documento conclusivo, São Paulo: Paulus, 2007.

_____. *V Conferência Geral do episcopado Latino-Americano e Caribenho,* texto conclusivo, São Paulo: Paulus, 2007.

CONGREGAÇÃO PARA A DOUTRINA DA FÉ. *Instrução sobre as orações para alcançar de Deus a cura,* São Paulo: Paulinas, 6ª ed., 2010.

CRISTANCHO SOLANO, Andrés Diego. *Resucitados resucitantes: la resurreción de los muertos em la actualidad,* In Reflexiones Teológicas 13 (13-28) julio-diciembre 2014, Bogotá: Colômbia.

CNBB. *Iniciação à vida cristã: itinerário para formar discípulos missionários,* Documento 107, 1ª ed., Brasilia: CNBB, 2017

DA SILVA, Ariovaldo José. *Reforma litúrgica a partir do Concílio Vaticano II,* In Lopes Gonçalves, Paulo Sério e BOMBONATO Ivanise Vera, *Concílio Vaticano II, análise e prospectivas* (org.), São Paulo: Paulinas, 2004.

DA SILVA MENDONÇA, Filho João. *E o nome da Virgem era Maria,* São Paulo: Editora Salesiana, 2009.

DA SILVA MENDONÇA, Filho João. *O lado imaginário da fé, iniciação cristã à luz de São Cirilo de Jerusalém*, São Paulo: Palavra e Prece, 2012.

_____. *O sonho dos 9 anos: um projeto de vida pelos jovens*, São Paulo: Palavra e Prece, 2014.

DA SILVA MENDONÇA, Filho João. *Os eixos do perdão: lembrar, esquecer e perdoar e a catequese para a misericórdia*, In revista Vida Pastoral, março-abril 2016, n. 308, ano 57.

E. SCHILLEBEECKX. *Jesús, História de un viviente*, Madrid: Cristiandad, 1981.

ELIADE, Mircea. *O sagrado e o profano, a essência das religiões*, Tradução Rogério Fernandes, São Paulo: Martins Fontes, 2001.

FANZAGA, Lívio. *As virtudes cardeais, prudência, justiça, fortaleza, temperança*, tradução José Joaquim Sobra, São Paulo: Ave-Maria, 2007 – a.

_____. *As virtudes teologais, fé, esperança e caridade*, tradução José Joaquim Sobral, São Paulo: Ave-Maria, 2007 – b.

FRANCISCO. *Exortação apostólica Evangelii Gaudium, A alegria do Evangelho, sobre o anúncio do Evangelho no mundo atual*, São Paulo: Loyola, 2013.

_____. *Homilia en la Santa Misa y apertura de la puerta Santa*, 08/12/15. www.vatican.va/, acesso em 9 de dezembro de 2015.

_____. *Mensagem do Angelus* 10/11/2013. www.vatican.va/, acesso em 3 de fevereiro de 2016.

_____. *Mensagem para o dia Mundial da Paz 2016*. www.vatican.va/, acesso em 4 de fevereiro de 2016.

_____. *Exortação Apostólica pós-sinodal Amoris Laetitia, sobre o amor na família*, São Paulo: Paulo, 1ª ed., 2016.

FRANCISCO. *Discurso do papa aos participantes do 68º Encontro nacional de liturgistas em* 24/08/2017, www.vatican.va/, acesso em 18 de setembro de 2017.

_____. *Audiência geral, 19/04/2017,* em www.vatican.va/, acesso em 13 de julho de 2017.

GRÜN, Anselm. *Perdoa a ti mesmo,* Tradução de Márcia Neumann, Rio de Janeiro: Petrópolis, Vozes, 2005.

_____. *Batismo, celebração da vida,* tradução Inês Antônia Lohbauer, São Paulo: Loyola, 2006.

HORTAL, Jesús. *Os Sacramentos da Igreja na sua Dimensão Canônico-Pastoral,* 5ª ed., São Paulo: Loyola, 2000, p. 143.

HAIGT, Roger. *Jesus símbolo de Deus,* tradução Jonas Pereira dos Santos, São Paulo: Paulinas, 2003.

JOÃO PAULO II. *Exortação Apostólica pós-sinodal Christifideles Laici, vocação e missão dos leigos na Igreja e no mundo,* Roma: Editora Vaticano, 1988.

_____. *Exortação Apostólica pós-sinodal PASTORES DABO VOBIS, sobre a formação dos sacerdotes,* São Paulo: Paulinas, 1992.

_____. *Carta Encíclica Dives in Misericordia, sobre a Misericórdia Divina,* 1980. www.vatican.van/, acesso em 19 de julho de 2015.

_____. *Carta encíclica Spe Salvi, sobre a esperança cristã,* São Paulo: Paulinas, 2007.

PAULO VI. *Catequese Geral sobre valores humanos e vida futura,* 08/09/1971. www.vatican.va/, acesso em 3 de fevereiro de 2016.

_____. *Exortação Apostólica pós-sinodal Evangelii Nuntiandi,* 1975, www.vatican.va/, acesso em 20 de agosto de 2017.

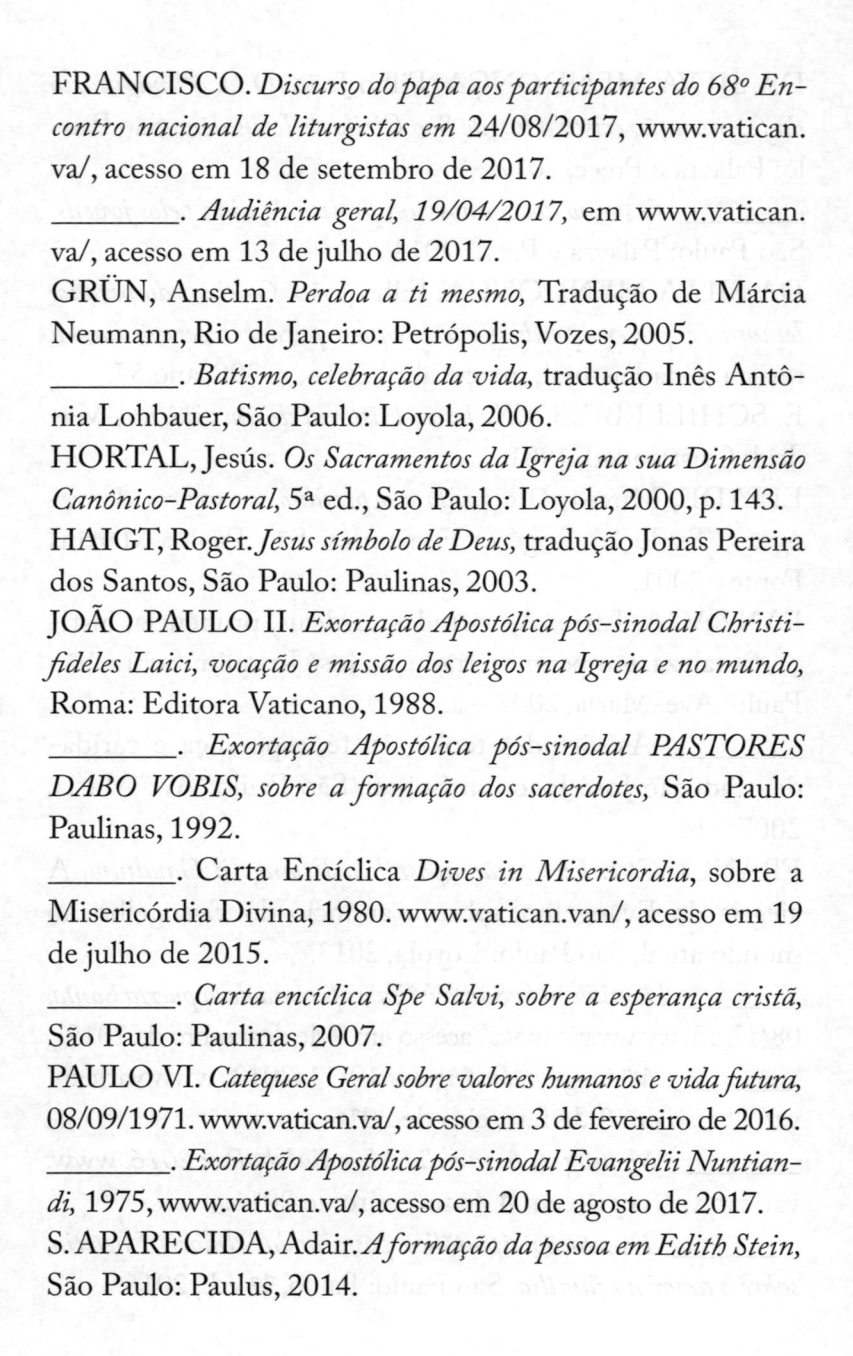

S. APARECIDA, Adair. *A formação da pessoa em Edith Stein,* São Paulo: Paulus, 2014.

# ÍNDICE

**Apresentação** ............................................................. 7

**Introdução**
**O Ano Litúrgico como lugar da Iniciação Cristã** ......... 13

**1º Tempo da Iniciação Cristã**
**O Querigma Apostólico: quem é Jesus?** ....................... 23
   1. A mensagem do Reino de Deus ............................... 25
   2. O núcleo do Querigma ............................................. 29
   3. As parábolas do Reino de Deus como mensagem .... 34
   4. Os milagres como expressão do reinado de Deus ... 36
   5. A experiência do querigma na vida
       dos santos e santas ..................................................... 38
       5.1. São Francisco de Assis ....................................... 38
       5.2. São Camilo de Lellis .......................................... 39
       5.3. Santa Teresa de Calcutá ..................................... 40
   Anexo: Rito de instituição dos catecúmenos ............... 43

**2º Tempo da Iniciação Cristã**
**Catecumenato: Jesus, missionário do Pai!** .................... 47
1. Deus fala ................................................................. 50
   Anexo: Prática de leitura
       orante da Palavra de Deus ........................... 53
2. A formação da Palavra no Antigo Testamento ....... 55
3. A composição dos textos bíblicos ........................... 58
   Tabela cronológica do Antigo Testamento ............. 62
4. A cristologia da Palavra no Novo Testamento ........ 64
   4.1. A experiência pascal de Paulo de Tarso ........... 65
   4.2. A compreensão do Novo Testamento
       a partir de Paulo ............................................. 68
   Cronologia do Novo Testamento .......................... 71
   Anexo: Rito da entrega
       do símbolo apostólico (Credo) ...................... 73
5. O Credo Apostólico ................................................. 75
   5.1. Cremos em Deus Pai criador ........................... 75
   5.2. Cremos em Jesus Cristo,
       Filho único de Deus ....................................... 76
   5.3. Cremos no Espírito Santo ................................ 77
6. Os novíssimos na experiência da iniciação ............. 79
   6.1. Primeira parte: a morte na perspectiva cristã ... 81
   6.2. Segunda parte: o juízo final ............................. 85
       a) O purgatório ............................................... 87
       b) O inferno .................................................... 90
       c) O céu ........................................................... 91
   6.3. Terceira parte: Como podemos
       encontrar Jesus nosso Salvador? ..................... 92

7. O Pai-nosso como adesão à vontade do Pai ............ 97
8. Os sacramentos como sinais visíveis da salvação .... 98
   8.1. Os três sacramentos da Iniciação ..................... 99
      a) O Batismo ........................................................ 99
      b) A Confirmação .............................................. 100
      c) A Eucaristia ................................................... 102
   8.2. Os sacramentos de cura:
        Reconciliação e Unção dos enfermos ............. 103
      a) Saber lembrar ................................................ 105
      b) Saber esquecer .............................................. 107
      c) A força do perdão ......................................... 113
   8.3. Os sacramentos da missão:
        Ordem e Matrimônio ...................................... 119
      a) Ordem ............................................................ 120
      b) O matrimônio ................................................ 122

**3º Tempo da Iniciação Cristã**
**As virtudes teologais e cardeais na vivência cristã:**
**Os ritos de purificação e exorcismos** ........................ 125
   1. As virtudes teologais ............................................ 128
      1.1. A Fé .............................................................. 128
      Anexo: 1º Escrutínio ............................................ 129
      1.2. A Esperança ................................................. 132
      Anexo: 2º Escrutínio ............................................ 133
      1.3. A Caridade ................................................... 136
      Anexo: 3º Escrutínio ............................................ 137
   2. As virtudes Cardeais ............................................. 140
      2.1. A prudência .................................................. 140
      2.2. A justiça ....................................................... 140

2.3. A fortaleza ..................................................... 141
2.4. A temperança ................................................ 141

**4º Tempo da Iniciação Cristã**
**A Mistagogia: Jesus impacta nossa vida!** ............. 143

**Conclusão** ........................................................... 151

**Bibliografia** ........................................................ 153

A marca FSC® é a garantia de que a madeira utilizada na fabricação do papel deste livro provém de florestas que foram gerenciadas de maneira ambientalmente correta, socialmente justa e economicamente viável.

Este livro foi composto com as famílias tipográficas Adobe Caslon Pro, Kabel e impresso em papel Offset 63g/m² pela **Gráfica Santuário**.